AF317296

# LA
# PROGRESSION DES BUDGETS
## EN FRANCE

DU XIII<sup>e</sup> SIÈCLE A NOS JOURS

SES CAUSES, SES REMÈDES

PAR

## Joseph JACOB

DOCTEUR EN DROIT

« Les recettes et les dépenses d'un peuple
résument son histoire presque tout entière... »
J.-J. CLAMAGERAN.
(Histoire de l'impôt, t. III, préf. xv.)

LYON
IMPRIMERIES RÉUNIES
8, RUE RACHAIS, 8

1908

# LA
# PROGRESSION DES BUDGETS
## EN FRANCE
### DU XIIIᵉ SIÈCLE A NOS JOURS

SES CAUSES, SES REMÈDES

PAR

## Joseph JACOB

DOCTEUR EN DROIT

*« Les recettes et les dépenses d'un peuple*
*résument son histoire presque tout entière... »*
J.-J. CLAMAGERAN.
*(Histoire de l'impôt, t. III, préf. xv.)*

LYON
IMPRIMERIES RÉUNIES
8, RUE RACHAIS, 8

1908

*A la mémoire de mon ami, Louis Riche,
je dédie ces pages, en gage de
fidélité au souvenir.*

J. JACOB.

# INTRODUCTION

----

L'étude comparative des finances publiques de différents pays ou d'un même pays aux différentes époques de son histoire est une œuvre de statistique complexe et ardue. Elle suppose, comme base préalable de calcul et d'appréciation, des données exactes, et nous verrons bientôt à quelles difficultés cette recherche se heurte, surtout dans le passé. Elle réclame ensuite de minutieuses précautions dans la comparaison de ces données. Les résultats d'une comparaison ne sont légitimes, les conclusions n'en sont probantes, qu'autant qu'elle porte sur des éléments à la fois exacts, complets et homogènes.

En matière de finances publiques, la nécessité d'être complet entraîne celle d'englober l'ensemble des recettes et des dépenses publiques; l'obligation de fournir des éléments homogènes demande la réduction de ces recettes et de ces dépenses à la même unité monétaire.

C'est à l'examen de ces deux questions que nous allons consacrer les deux sections de cette introduction; elles nous fourniront l'occasion de préciser et de limiter le but de ce travail.

### Section Première. — De l'ensemble des recettes et dépenses publiques. — Notre but.

La notion de recettes et dépenses publiques dépasse le budget de l'Etat. L'Etat, organisme central, ne constitue pas toute l'activité sociale; il n'est pas la seule personne morale organisée qui satisfasse aux besoins généraux du pays.

Il abandonne des services publics aux personnes administratives secondaires et aux établissements publics. Les départements, les communes, les établissements publics ont des ressources et des charges propres, un budget absolument distinct du budget général de l'Etat; or, l'organisation administrative et politique d'un pays varie souvent avec les époques, et, à la même époque, elle diffère avec les pays. Négliger ces budgets secondaires serait, par suite, s'exposer à de graves erreurs dans la comparaison des finances publiques d'un pays, à des dates différentes de son histoire. Pareille omission conduirait à des résultats absolument inacceptables, si l'on voulait établir cette comparaison dans un pays unitaire et dans un pays fédératif.

Souvent même, il arrive que de simples particuliers ou des sociétés libres concourent à l'œuvre collective par leurs deniers ou leurs efforts (1); ce sont là autant de dépenses publiques qui ne laissent aucune trace dans les budgets de l'Etat et qui doivent entrer en ligne de compte dans la comparaison des finances publiques.

(1) Citons comme exemples: les constructions de routes par la Société du Touring-Club; les subventions des particuliers pour construction d'édifices publics, etc.

Même à ne considérer que l'activité de l'Etat, et en supposant une centralisation absolue (1), il ne suffirait pas d'avoir d'une façon même rigoureuse les chiffres des budgets de celui-ci. Les budgets sont loin de renfermer l'ensemble des dépenses et des recettes effectuées par un Etat.

Souvent l'Etat fait des dépenses qui ne figurent pas dans son budget. Plus on remonte dans le passé, plus ces sortes de dépenses — dépenses en nature — sont nombreuses; c'est dans la monarchie féodale et se perpétuant dans presque tout l'ancien régime, l'innombrable liste des services personnels, assurant directement l'exécution des affaires publiques, sans grever les budgets ni en recettes ni en dépenses; c'est, à l'heure actuelle, le système du logement, de l'éclairage, du chauffage à certains fonctionnaires.

Ces dépenses en nature, pour être hors budget, n'en sont pas moins apparentes, visibles; à côté, il y a les dépenses cachées, les *dépenses latentes*, demandant pour être aperçues une certaine analyse.

En premier lieu, il faut citer les dépenses faites par une nation pour son armée. Prenons un pays, comme l'Angleterre; à peu près toutes les dépenses militaires figurent au budget. Le soldat anglais se consacre exclusivement au métier des armes, qui constitue son occupation normale, son gagne-pain; c'est un mercenaire ven-

---

(1) La France a connu cette centralisation extraordinaire avec la Constitution de l'an III. Il n'y avait plus de budgets départementaux ou communaux. Tout était confondu dans le budget de l'Etat; c'est l'apogée de la centralisation administrative et financière.

dant à l'État son activité contre une solde et les sommes inscrites aux chapitres du budget représentent l'effort militaire du pays (1). Si, au contraire, nous considérons notre système français actuel, il en va tout autrement. Si tout citoyen est soldat, ce n'est plus qu'accidentellement : il paie l'impôt du sang et retourne prendre sa place dans la vie ordinaire; au point de vue de ses occupations, le service militaire constitue une interruption, un chômage et, par suite, occasionne une diminution de la production économique. Les sommes déboursées par l'État figurent seulement la nourriture, l'entretien et le logement du soldat; elles ne représentent pas la perte du gain que le travail normal de celui-ci aurait assuré à la nation. « C'est en cette matière qu'il importe de distinguer l'État de la nation; c'est pour défendre la nation, groupe économique, que nous sommes obligés d'avoir une armée, et l'État ne fait qu'une partie des dépenses de celle-ci. » La contribution latente de la nation, pour être négative, n'en est pas moins considérable.

La nation n'a pas à supporter seulement cette diminution d'énergie productive, mais encore, elle fournit une deuxième contribution positive, sous la forme de réquisitions, de logement chez l'habitant et d'argent envoyé par les parents et dépensé par les soldats.

L'organisation militaire n'est pas la seule source des

(1) Telle était la situation, en France, sous l'ancien régime avec les armées mercenaires. Tel était encore, en partie, le régime de la loi du 25 avril 1855, qui instituait la Caisse de dotation de l'armée, alimentée par les versements de ceux qui voulaient se faire exonérer. Les sommes ainsi recueillies servaient à donner des primes à ceux qui voulaient se rengager et devenaient, de la sorte, de vrais soldats de métier payés par la Caisse de dotation de l'armée. (V. Berthélemy, *Traité élémentaire de droit administratif*, p. 362.)

dépenses latentes, et les exemples empruntés à l'organisation politique et administrative abondent. Citons, au hasard, les fonctions d'honneur qu'affectionnent particulièrement quelques pays, mais qui existent dans tous; citons les frais des élections politiques qui sont plus spécialement étendus dans les pays à régime démocratique, où, en principe, toute fonction est élective (1).

Si donc, on voulait faire une étude comparative complète et parfaitement légitime des finances publiques françaises au cours des âges, il serait nécessaire de joindre aux sommes du budget de l'Etat l'ensemble des recettes et dépenses des personnes administratives : seigneuries, pays d'état, départements, communautés d'habitants, paroisses, villes, communes, établissements publics; il faudrait y ajouter les contributions apportées à l'œuvre collective par les sociétés privées et les particuliers, et enfin, les dépenses en nature et les dépenses latentes, préalablement évaluées. On pourrait, de la sorte, comparer véritablement l'activité sociale de la France aux différentes époques de son histoire.

Il faudrait tenir compte aussi des variations géographiques du pays, c'est-à-dire des augmentations ou des diminutions d'étendue du territoire national.

Mais avouons tout de suite qu'une pareille tâche serait

(1) Les frais atteignent parfois des chiffres énormes; c'est ainsi que l'élection à la présidence de la république aux Etats-Unis ne coûte pas moins de 25 millions de dollars. On s'est servi de ces dépenses pour combattre le régime démocratique dont on démontre ainsi la cherté. Outre qu'il est pour un peuple des biens plus précieux que l'argent, la valeur de l'argument financier reste très contestable. Les dépenses inutiles de l'ancien régime englobaient des sommes autrement considérables que les prétendus « gaspillages démocratiques ».

impossible. Comment connaître l'ensemble de ces dépenses ? Comment en avoir la liste ? Comment, suivant quelles bases les évaluer ? Voilà autant d'inextricables difficultés pour l'époque actuelle, voilà autant d'impossibilités absolues pour le passé.

Aussi, le but que nous nous proposons ici est plus modeste. Nous voulons simplement tenter la reconstitution, le long de notre histoire et à certaines dates, des recettes et des dépenses réellement effectuées par l'Etat français, organisme central, et pouvant être inscrites dans ce qui, de nos jours, constitue le budget officiel de l'Etat.

Bien qu'incomplet, ce travail pourra encore servir de base à d'utiles comparaisons, à condition cependant de tenir compte des différences d'organisation administrative aux époques considérées.

L'histoire financière d'un peuple ne se sépare pas de son histoire générale et particulièrement de son histoire administrative.

Même réduite à ces simples proportions, notre tâche reste encore délicate. Pour le présent (1), il est vrai, elle est, en grande partie, faite; cependant, elle nécessitera encore certaines précautions destinées à corriger des résultats incompatibles avec les principes de l'unité et de l'universalité budgétaires. Les budgets du xix° siècle ont été l'objet d'études statistiques remarquables; nous ne voulons pas les reprendre; néanmoins, nous aurons à signaler les difficultés qui peuvent surgir dans l'utilisation même de ces données.

(1) Le présent, c'est-à-dire le xix° siècle; le principe de l'universalité du budget ne date chez nous que de 1822; celui de l'unité, de 1892.

Pour le passé, la question reste à peu près entière. Les budgets n'existent pas; nous devrons essayer de les établir et souvent, pour nous aider, nous n'aurons qu'une documentation vague, incomplète et souvent peu exacte.

La connaissance du passé est une science spéciale qui ne s'acquiert que par de longues études, et nous n'avons pas la prétention de compléter ou de rectifier les recherches laborieuses que MM. Boutaric, Natalis de Wailly, Vuitry, Bailly, Clamageran ont effectuées avec tant de patience et de pénétration.

Mais, n'est-ce pas rendre hommage à l'histoire et à l'archéologie, sans empiéter sur leur domaine, que de dégager les résultats acquis de leurs travaux et de demander à leurs investigations les moyens de reconstituer une partie de nos finances publiques à travers les siècles? En un mot, nous nous proposons, en ce qui concerne les budgets antérieurs à la Révolution, d'être le rapporteur, clair et précis autant que possible, des travaux et investigations de l'histoire et de l'archéologie, en ne nous arrêtant qu'à ce qui présente un intérêt budgétaire.

L'entreprise ainsi conçue offre encore assez de difficultés pour que nous ne nous flattions pas de les avoir surmontées. Si nous avons pu réussir quelque peu, c'est aux travaux des savants qui nous ont fourni les premiers éléments de ces études, que nous nous plaisons à en reporter le mérite.

Quand nous aurons ainsi, dans une première partie, partie véritablement statistique, reconstitué les budgets de certaines époques caractéristiques, nous en constaterons dans une deuxième partie l'accroissement continu, la progression constante, et nous essayerons d'en rechercher les principales causes et d'en dégager quelques considérations sur notre avenir budgétaire. En d'autres termes, nous ferons une utilisation rapide de nos recherches statistiques et des comparaisons qu'elles rendent possibles.

Ces comparaisons ne seront rationnelles, elles ne permettront des conclusions légitimes, qu'autant qu'elles porteront sur des éléments homogènes, qu'autant, par conséquent, que nous aurons réduit en unité monétaire de même valeur les différents budgets. La base indispensable de toute statistique budgétaire est l'étude, la mesure des variations de la monnaie. C'est à l'examen de cette question que nous arrivons avec notre deuxième section.

SECTION DEUXIÈME. — **La mesure de la valeur de la monnaie.**

La réduction des budgets à la même unité monétaire nécessite la solution d'un double problème: elle suppose effectuées, d'abord la recherche de la valeur absolue de la monnaie, ensuite la recherche de sa valeur relative.

### § 1. — *Recherche de la valeur absolue ou intrinsèque.*

La comparaison de deux quantités réclame, comme condition primordiale, une commune mesure; cette condition est réalisée, à l'heure actuelle, dans l'ordre des valeurs, par un poids déterminé d'argent : le franc représentant 5 grammes d'argent au 9/10. (1).

(1) Loi du 7 germinal an XI (28 mars 1803).

Les sommes que nous aurons à examiner pour les budgets de l'ancien régime ne sauraient être exprimées en francs, mais en livres, tournois ou parisis (1). Il faut ramener ces livres, tournois ou parisis, à notre franc; il faut rechercher combien de fois elles contiennent 5 grammes d'argent au titre indiqué.

La mesure de la quantité de métal contenu dans les anciennes unités de valeur s'infèrent des lois, ordonnances, règlements préconisant la frappe de certaines pièces dans des conditions déterminées de titre et de poids; elle se tire des registres des hôtels des monnaies, des chroniques de l'époque, etc. Qu'on ne croie pas cette première opération aisée ! L'immutabilité officielle de notre franc pourrait faire naître de singulières illusions ! L'ancien droit n'a pas connu cette stabilité. Le poids, le titre ou le cours des espèces variaient très fréquemment. La livre tournois ne cessait pas, sans doute, de représenter une collection de 20 sous, et le sou une collection de 12 deniers; mais, si on veut rechercher la quantité d'or ou d'argent correspondant à ces mots : livre, sol et denier, « on reconnaît alors qu'il n'est pas dans la langue de termes dont le sens ait subi des changements aussi subits et aussi fréquents (2) ». Certaines années, comme l'année

(1) La dénomination de parisis et de tournois s'applique tout à la fois à des espèces monnayées et à une monnaie de compte. La monnaie parisis était d'un quart plus forte que la monnaie tournois; 4 sous ou 4 livres parisis valaient 5 sous ou 5 livres tournois. On a cessé de fabriquer les espèces parisis sous Louis XI, mais on a continué de compter par livres, sous et deniers parisis jusqu'au temps de Louis XIV, qui abolit définitivement la monnaie de compte parisis et ne laissa subsister que la monnaie tournois.

(2) V. Natalis de Wailly, *Mémoires de l'Académie des Inscriptions et Belles Lettres*, t. XXI, p. 177.

1359, ont vu le cours changer plus de quinze fois; on conçoit que, dans de pareilles conditions, le problème de la valeur absolue de la monnaie réclame, pour sa solution, de laborieuses investigations (1).

### § 2. — *Recherche de la valeur relative ou extrinsèque.*

La connaissance de la valeur intrinsèque de la livre-tournois, c'est-à-dire de la quantité exacte de métal fin que contient la pièce monnayée ou qu'exprime la monnaie de compte ne suffit pas; il faut, en outre, pouvoir apprécier la valeur relative, ou, en d'autres termes, le pouvoir de l'argent qui a pour mesure et pour expression le rapport entre les deux quantités souvent très différentes du même métal qui sont nécessaires, suivant les temps, pour acheter les mêmes objets ou pour satisfaire aux mêmes besoins. Nous aurons beau réduire en francs nos budgets, ces francs auront beau représenter invariablement 5 grammes d'argent, nous n'aurons pas de commune mesure, si ces grammes d'argent représentent des valeurs variables.

La monnaie sert à mesurer l'ensemble des marchandises par le prix, qui n'est autre chose qu'un rapport entre la valeur d'une chose et la valeur d'un certain poids de métal, or ou argent; mais, pour être commune mesure, la monnaie n'en reste pas moins marchandise, et

(1) L'obscurité des textes où l'on doit puiser les renseignements, leurs erreurs, leurs lacunes viennent encore ajouter aux difficultés, comme aussi la nécessité de combiner, dans les calculs, le titre légal et le titre de tolérance. (V. Natalis de Wailly, *op. cit.*, pp. 187, 196, 197, 198.)

« comme telle, ne saurait être une constante (1) »; elle est soumise aux lois de la valeur, et si son invariabilité dans l'espace est, à l'heure actuelle, suffisamment assurée par ce fait que le monde ne constitue qu'un seul marché pour les métaux précieux, il n'en est plus de même dans le temps, surtout quand on envisage une longue période. L'accumulation croissante des stocks monétaires, le développement des échanges, l'accroissement de la population, la substitution à la monnaie métallique d'instruments de crédit et surtout la plus ou moins grande rapidité de la circulation, qui équivaut à une plus ou moins grande multiplication, constituent autant de causes qui peuvent agir en sens différents sur l' « ophélimité » de la monnaie et, par suite, sur sa valeur (2).

Pour remplir convenablement son rôle de commune mesure, la monnaie demande à être mesurée à son tour.

Le prix ne mesure véritablement la valeur des marchandises qu'autant que le dénominateur (la valeur de la monnaie) est une constante; puisque cela n'est pas, il faut l'y ramener; on n'y peut arriver que par la correction

(1) V. Leber, *Essai sur l'appréciation de la fortune privée au moyen âge*, pp. 2 et 3. V. aussi Ch. Gide, *Principes d'économie politique*, p. 88.

(2) En dehors des causes naturelles de variation de valeur de la monnaie, il intervient, à certains moments, des causes morales, sociales, et on a très bien remarqué qu'à notre époque, à côté de la diminution purement commerciale du pouvoir de l'argent, il existe une dépréciation morale, sociale, de ce pouvoir. Autrefois, il semblait que, dans un contrat, celui qui fournissait l'argent avait la situation prépondérante; aujourd'hui, les deux contractants sont sur un pied d'absolue égalité. Cette évolution est particulièrement caractérisée dans le contrat de travail. Le progrès contemporain agit sur le travail pour l'exalter et les capitalistes se trouvent moins riches.

des variations, dont il faut préalablement connaître l'intensité et l'amplitude.

De quelle façon peut-on déterminer cette intensité et cette amplitude ?

A cette question répondent un certain nombre de méthodes que nous pouvons diviser en deux groupes :

### A. — MÉTHODES ANCIENNES

Elles ont, comme caractère commun, de prendre un objet unique, pour mesurer les variations de valeur des métaux précieux.

a) *Prix du blé*. — On a d'abord proposé le prix du blé, et on justifie ce choix par les considérations suivantes : le blé répond à un besoin physiologique permanent et qui ne varie guère. Il est à peu près indispensable jusqu'à une certaine limite, celle marquée par la quantité nécessaire pour nourrir un homme, et se trouve presque tout à fait inutile au delà de cette limite, car personne ne se soucie de manger plus qu'à sa faim. « Malgré les fortes oscillations que les caprices du ciel infligent à sa production, la loi de l'offre et de la demande tend toujours à la ramener au niveau marqué par le besoin physiologique, avec d'autant plus de force que la production s'est momentanément écartée de la position d'équilibre (1). »

Le prix du blé, donc, avec une monnaie invariable, devrait rester à peu près constant; s'il subit des oscillations, la faute en est à la monnaie; dans le rapport,

(1) V. Ch. Gide, *op. cit.*, p. 91.

le numérateur restant fixe, la variation du rapport provient uniquement du dénominateur, et cette variation du rapport mesure exactement la variation inverse du dénominateur.

Si véritablement la valeur du blé restait fixe, la méthode serait à la fois simple et concluante; malheureusement, la base en est inacceptable. La valeur du blé peut varier moins que celle des autres marchandises; mais ce serait s'exposer à de graves erreurs que de la considérer comme absolument stable. Dans le passé, les variations de valeur étaient considérables, avec les années et avec les lieux, suivant les hasards de la production. A l'heure actuelle, le prix en est sans doute mondial, mais qui oserait soutenir que ce prix, indépendamment de la monnaie, n'est pas encore soumis aux lois de la production, aux variations qu'imposent, d'une part un protectionnisme généralisé et, d'autre part, une spéculation sans cesse en activité ? Qui oserait, en outre, soutenir que le blé occupe dans l'alimentation humaine une place aussi inéluctable qu'autrefois ?

La valeur du blé ne saurait nous offrir à elle seule les conditions de stabilité, de fixité, nous permettant de mesurer la valeur de la monnaie.

b) *Le salaire de l'ouvrier*. — On a pensé également au salaire de l'ouvrier, du manœuvre, qui gagne juste sa vie par la rémunération de son *unskilled labor*, en partant de cette idée, que le minimum nécessaire pour faire vivre un homme est une quantité invariable.

C'est là encore une prétention absolument contraire aux faits. Le minimum nécessaire pour satisfaire aux besoins complexes de l'homme vivant en société, dans un milieu civilisé, est un minimum essentiellement variable, suivant le degré de civilisation et suivant le milieu; il tend, sans cesse, à s'élever à mesure que se multiplient les besoins, les désirs et les exigences des hommes, en voie de progrès matériel et moral. D'ailleurs, personne n'ignore qu'il existe des causes sociales d'augmentation des salaires qui tendent à l'élever au-dessus du minimum indispensable pour assurer la vie matérielle du salarié (1).

De ceci, il faut conclure qu'il serait souverainement imprudent de prendre un objet unique comme mesure de la valeur de la monnaie. Le pouvoir particulier de l'argent sur le blé peut ne pas être et souvent n'est pas le même, que son pouvoir sur telle ou telle autre marchandise; il ne saurait, par suite, être le même que son pouvoir général sur l'ensemble des marchandises. Le pouvoir général est une résultante de pouvoirs particuliers; pour l'obtenir, il est nécessaire de prendre de multiples termes de comparaison, d'accumuler les pouvoirs particuliers. C'est à cette idée que répondent les systèmes qui vont suivre :

## B. — Méthodes nouvelles

a) *Méthode des nombres indicateurs ou des « index-numbers ».*

Voici le mécanisme de ce premier procédé d'origine anglaise :

Pour telle année, prise comme base, comme « datum

(1) V. note 2, *in fine*, p. 11.

line », on relève les prix d'un certain nombre de marchandises réputées les plus importantes. On fait le total
et on prend la moyenne arithmétique.

On procède ensuite de même pour toutes les années
que l'on veut étudier; en comparant les moyennes, on
saisit immédiatement le sens et l'amplitude de la variation générale des prix. Cette variation des prix indique
la variation inverse du pouvoir monétaire.

On a apporté à cette méthode certains perfectionnements qui, sans en modifier le principe, en rendent l'application à la fois plus sûre et plus rapide (1).

On a d'abord perfectionné la « datum line ». Le choix
de l'année de base est tout à fait arbitraire et cependant
il influence grandement les résultats; suivant que nous
aurons affaire à une année de hauts ou de bas prix, la
hausse ou la baisse des années qu'on lui comparera sera
accentuée, atténuée ou renversée. L'idéal serait de
prendre une année de prix absolument normaux. Or,
on n'est jamais sûr de cette normalité; pour s'en rappro-
cher, on ne se contente pas d'une seule année, mais on
prend les prix moyens d'une série d'années. En calculant
la moyenne de ces moyennes, on peut espérer éliminer
les causes accidentelles de hauts ou de bas prix, propres
à une « datum line » réduite.

Pour exprimer, d'une façon claire et saisissante, les
variations des prix, on a ramené à 100 le prix moyen de
chaque marchandise pendant la « datum line »; on calcule le prix moyen par rapport à 100, de ces mêmes marchandises, dans les autres années envisagées. De la

______

(1) V. Arnauné, *La monnaie, le crédit, le change*, pp. 23 et suiv.,
et Ch. Gide, *op. cit.*, p. 98.

sorte, on peut exprimer directement par un pourcentage les variations constatées. Cette innovation est l'œuvre de l'économiste anglais Newmarch (1).

L'application stricte de ce premier procédé demanderait qu'on établisse la moyenne de tout ce qui a un cours, marchandises et services; seule, cette moyenne pourrait donner le niveau général des prix pour une année.

En pratique, c'est là une entreprise impossible. Comment en effet trouver, établir le prix de toutes les marchandises et de tous les services ? Cette impossibilité n'est pas une objection contre le système; puisqu'on ne peut les prendre tous, on se contentera de prix types et bien choisis.

On rejettera d'abord les salaires qui ne suivent qu'imparfaitement, *pede claudo*, les variations générales et obéissent à des lois particulières; c'est d'ailleurs logique, puisqu'ils sont déjà comptés comme éléments du prix des marchandises; de même, il faut écarter les loyers et les fermages, qui sont surtout régis par des lois locales.

Il ne reste donc plus que les marchandises, et encore on ne prendra parmi elles que les types les plus courants, donnant lieu aux transactions les plus considérables. Plus, cependant, elles seront nombreuses, plus les résultats offriront de garanties.

On ne saurait les placer toutes sur un pied d'égalité et les faire peser du même poids sur le résultat final. Dans ce but, on applique le système des coefficients, imaginé par M. R. H. Inglis Palagrave (2). On affecte

<hr>

(1) Cependant des tableaux analogues, dits tables de référence, avaient été proposés déjà en 1822 par Lowe et en 1833 par Scrope.

(2) V. Arnauné, *op. cit.*, p. 24.

les prix de coefficients proportionnels à l'importance de
la consommation de chaque marchandise considérée; de
la sorte, on assure, dans la fixation de la moyenne *graduée*, la prépondérance aux marchandises faisant l'objet
du trafic le plus important. Pour ne pas attribuer à ces
coefficients un caractère arbitraire, on les établit d'après
les statistiques du commerce extérieur, indiquant l'importance du négoce auquel donne lieu chaque marchandise.

Ce perfectionnement obéit à des préoccupations très
louables, mais il semble demander un bien grand effort
pour un bien mince résultat. Malgré les calculs longs et
pénibles, auxquels elles donnent lieu, les moyennes gra-
duées aboutissent à des conclusions sensiblement analogues à celles obtenues avec le procédé simple.

La seule objection sérieuse qui puisse être portée contre cette méthode menace le principe sur lequel elle
repose; comme ce principe est commun aux deux méthodes qui vont suivre, nous ne le discuterons que plus
loin.

b) *Méthode de la comparaison des valeurs de douanes.*
— En 1836, notre administration des douanes entreprit
de dresser chaque année la statistique de notre commerce
extérieur, pour en constater le développement; dans ce
but, elle évalua les prix moyens des denrées donnant lieu
à ce trafic international; elle le fit, après s'être entourée
de renseignements précis et de précautions minutieuses;
ces prix, appelés *valeurs officielles* devaient servir dans
les années suivantes à l'évaluation de nos échanges inter-
nationaux.

Mais il arriva qu'ils cessèrent vite de correspondre au

prix réel des années postérieures. Aussi, on imagina de joindre, en 1848, à ces *valeurs officielles*, les *valeurs actuelles*, prix moyens vrais auxquels se sont vendues les marchandises durant l'année courante, discutés et fixés chaque année par la commission permanente des valeurs de douane. De la sorte, figuraient, côte à côte, les valeurs officielles et les valeurs réelles. Leur comparaison permettait de saisir les variations des prix et, par suite, les variations inverses de la monnaie.

Mais depuis 1861, les valeurs officielles ne sont plus mentionnées dans les tableaux de l'administration des douanes. Il est cependant possible d'utiliser encore ces statistiques dans les recherches sur les fluctuations des prix. Cette administration publie en effet deux évaluations successives du mouvement commercial de la France avec l'extérieur : la première en janvier, dans les documents mensuels, basée sur les travaux d'évaluation de l'année précédente, les seuls qu'elle possède à cette époque; la deuxième, dans le tableau général du commerce établi au moyen des travaux d'évaluation propres à l'année, que la Commission des valeurs permanentes fixe de janvier à mars ou avril. En comparant ces deux évaluations successives, on peut calculer le pourcentage de hausse ou de baisse des prix de chaque année, par rapport à ceux de l'année précédente.

Cette méthode a été appliquée en 1858 par M. Levasseur, sur la *Question de l'or*, et M. de Foville s'en est servi pour évaluer les variations de valeur de la monnaie de 1827 à 1877 (1).

(1) V. Levasseur, *Question de l'or*, préface. — De Foville, *Economiste français*, série d'articles, 2° semestre 1879.

Elle a l'avantage d'être simple et expéditive, puisqu'elle ne nécessite qu'un simple relevé. Le principe est le même que celui de la précédente; elle est cependant d'une application moins sûre. La base en est moins large. Elle ne tient pas compte en effet des prix en cours dans la masse énorme des transactions qui se font à l'intérieur du pays.

c) *Méthode des monographies ou biographies de famille ou des annuités budgétaires.* — Le troisième procédé paraît plus complexe; pour le rendre plus facilement compréhensible, nous en éclaircrons l'exposition par une application concrète.

Considérons une famille menant un train de vie déterminé en l'an 1700; suivons cette famille pendant une année, reconstituons ses différents chapitres de dépenses : alimentation, logement, entretien, etc., puis, au sein de ces chapitres, détaillons les articles et évaluons-les un à un, en nous aidant de renseignements puisés dans les mercuriales de l'époque : livres de comptes, archives notariales, etc.

Quand nous aurons successivement passé en revue et évalué, suivant les prix de 1700, l'ensemble des « consommations » (1), nous n'aurons plus qu'à additionner; le total nous donnera la somme nécessaire pour assurer le train d'existence envisagé en 1700.

Envisageons une famille de même composition et de même condition en 1900. Faisons-lui faire exactement les mêmes achats, faisons-lui consommer les mêmes richesses et évaluons ces richesses, comme précédemment, mais avec les prix de 1900.

(1) Nous prenons *consommation* au sens le plus large ; le mot désigne « la satisfaction de tout besoin ».

Le total, obtenu en additionnant, comparé au total précédent, nous permettra de mesurer la variation de prix de 1700 à 1900, et, par suite, la variation inverse du pouvoir de l'argent.

Cette méthode a été suivie en France par M. de Foville, dès 1874 (1), et par M. d'Avenel, dans son ouvrage *Sur la propriété, les salaires, les denrées et sur tous les prix en général de 1200 à 1800* (2).

Au lieu de se cantonner dans l'étude d'une seule famille, M. d'Avenel a divisé les familles en trois catégories, d'après l'importance de leurs revenus actuels. Il a rangé : dans une *première catégorie*, les revenus inférieurs à 2.500 francs par an, par famille ou individu isolé, représentant 60 % de la masse totale de la population.

Dans une *deuxième catégorie*, les revenus inférieurs à 7.500 francs par famille ou individu isolé, représentant 30 % de la masse totale.

Dans une *troisième catégorie*, les revenus supérieurs à 7.500 francs, représentant 10 % de cette masse.

Puis, il a utilisé ces divisions statistiques de la façon suivante :

Dans chacune de ces catégories, il a pris une famille dont il a évalué le train de vie à l'époque actuelle, comme il est exprimé précédemment.

Ce train de vie se chiffre par exemple de la sorte (3) :

---

(1) V. *Economiste français*, série d'articles, 1874.

(2) *Histoire de la propriété, salaires, prix, de 1200 à 1800*, t. I, introduction et pp. 1 à 76, et *passim*.

(3) Il s'agit d'un exemple purement fantaisiste, pour la simple commodité de l'exposition.

Première catégorie, 2.000 francs; deuxième catégorie, 6.000 francs; troisième catégorie, 14.000 francs.

En 1700, il examine ce qu'auraient coûté des dépenses de nature identique et il arrive aux résultats que voici :

La famille qui dépense, à l'heure actuelle, 2.000 francs, aurait pu avoir un train de vie pareil avec 800 francs; la deuxième (6.000 francs), avec 2.000; la troisième (14.000 francs), avec 4.000.

Les rapports ainsi obtenus sont séparément :

$$\frac{2000}{800} = 2,5 \ , \quad \frac{6000}{2000} = 3 \ , \quad \frac{14000}{4000} = 3,5.$$

Nous n'avons aucune raison de choisir un de ces chiffres plutôt qu'un autre et, par suite, il faut, pour la fixation du résultat final, prendre la moyenne.

La moyenne arithmétique simple est : $\dfrac{2,5 + 3 + 3,5}{3} = 3$.

Si, au contraire, nous tenons compte des divisions, des coefficients apportés par M. d'Avenel, la moyenne graduée sera :

$$\frac{60 \times 2,5 + 3 \times 30 + 3,5 \times 10}{100} = 2,75 \ (1).$$

L'influence du rapport constaté dans la première famille est, on le voit prépondérante.

Le principe de cette troisième méthode est, en définitive, le même que celui des deux précédentes. Elle me-

(1) Ceci s'exprime de la façon suivante : pour vivre d'une vie identique il faut, en 1900, à une famille, 2,75 fois plus de revenus qu'en 1700; et ceci « parce que le pouvoir de l'argent a baissé dans une proportion égale »; 1 franc en 1700 vaut 2 fr. 75 en 1900.

sure les variations de la monnaie par les variations inverses des prix; les sommes totales de dépenses pour chaque famille sont de véritables « total' index numbers ».

Les prix envisagés semblent, par le cadre même de la méthode, être ceux des marchandises tenant le plus de place dans la consommation. L'assignation de coefficients reste une application de la même idée. En effet, les objets de première nécessité, qui tiennent le premier rang dans la consommation générale des richesses, occupent la grosse part du budget des familles pauvres, et en affectant du coefficient 60 les rapports obtenus par la comparaison de ces familles pauvres, on assure, par là même, dans la fixation de la moyenne graduée finale, une influence dominante aux prix de ces objets; au contraire, les objets de luxe, à la fois moins répandus et dont le prix est infiniment plus variable pour des causes propres, indépendantes de la valeur de l'argent, ne rentrent dans la détermination du résultat que pour une part bien inférieure.

En un mot, la méthode des *annuités budgétaires* a l'avantage d'assurer quasi-automatiquement un tri judicieux parmi les marchandises, tri qui faisait l'objet de nos préoccupations dans le système *des nombres indicateurs* et qui souffrait d'assez graves inconvénients dans la méthode des *valeurs de douane*.

Mais, en retour, elle n'est pas à l'abri de toute critique: on peut lui reprocher son caractère exclusif et fragmentaire; elle ne tient compte, en effet, que des marchandises consommées par une famille; elle laisse en dehors de ses calculs, l'énorme quantité des « produits de transition »; elle ne s'inquiète, pour ainsi dire, que des prix du détail.

Enfin, fatalement, elle réserve une assez large place à l'arbitraire. Les monographies de familles modernes ne peuvent éviter cet écueil. Comment pourrait y échapper la reconstitution des budgets de familles envisagées à des époques lointaines ? Déterminer les différents chefs de dépenses, leur assigner une proportion convenable est une tâche délicate, nécessairement vouée à rester imparfaite. La correspondance exacte que l'on s'efforce d'établir entre les trains de vie envisagés, est impossible; elle ne peut être qu'approximative. L'évolution même des besoins entraîne une évolution corrélative des objets destinés à les satisfaire (1). Les objets peuvent revêtir des qualités qui « tout en leur laissant leur nom », en transforment véritablement la valeur, indépendamment de toute variation de la monnaie. Cette considération est particulièrement à retenir quand il s'agit de marchandises destinées à assurer la vie matérielle de la famille.

Le perfectionnement apporté par M. d'Avenel n'est pas lui-même sans susciter des objections de cette nature. Il se peut qu'à l'heure actuelle, les coefficients 60, 30 et 10 marquent réellement la distribution des revenus; il est loin d'être prouvé que cette distribution fut corrélative dans le passé.

La plateforme trop étroite de cette méthode, ses difficultés limitent son emploi au passé, où, seule, elle est

(1) Prenons le produit où l'identité pourrait être le plus facilement obtenue: le pain; 10 kilos de pain coûtaient, par exemple, 1 franc en 1700; ils coûtent 3 francs en 1900. Pour en conclure que le prix du pain en 1900 est trois fois plus élevé qu'en 1700, il faudrait que le pain de 1700 fût le même que celui de 1900; or rien n'est moins certain. Le phénomène est particulièrement apparent dans les articles visant l'habillement, le logement, distractions, etc.

possible. Les statistiques générales des prix, les statistiques officielles des valeurs de douane, qui forment la base des deux premières méthodes, ne datent guère que du commencement du xix° siècle; aussi, pour les époques antérieures, sont-elles inapplicables. Force est donc de se contenter, malgré ses imperfections, de la méthode des budgets de famille, qui, à l'heure actuelle, et en attendant mieux, reste le seul instrument permettant d'étudier les variations générales des prix dans le passé.

Les trois procédés que nous venons de parcourir ont pour caractère commun de calculer les variations du pouvoir de l'argent par les fluctuations inverses des prix (soit directement, soit indirectement par les chiffres du commerce international, ou les budgets des familles). Ils supposent un axiome préalable auquel nous avons déjà fait allusion :

Toute variation générale des prix a pour cause unique une variation inverse de la valeur de la monnaie. Les fluctuations des prix et de l'argent sont fonctions les unes des autres.

Ce principe est aujourd'hui fort contesté et même formellement nié par la majorité des économistes. Pour eux, le problème du pouvoir d'achat des métaux précieux est quelque chose comme la quadrature du cercle de l'économie politique. Ils sont d'ailleurs logiques; en détruisant la base, ils font immédiatement crouler les méthodes édifiées sur elle (1).

---

(1) V. Cherbuliez, *Science économique*, t. I, p. 239; Villey, *Traité élémentaire d'économie politique*, p. 138; Ch. Menger, *Revue d'économie politique*, « La monnaie mesure de la valeur », février 1892; Bourguin, même revue et même titre, série d'articles, 1895; Aubry,

Les variations de valeur de la monnaie, disent-ils, ne sont pas la seule cause des fluctuations du niveau général des prix. Il en est d'autres dont l'action s'exerce également sur l'ensemble des cours. Certaines sont durables, telles les modifications dans les débouchés ou les frais de production par les progrès commerciaux et industriels. D'autres sont accidentelles : on citera l'accélération des affaires, leur expansion plus grande à l'apogée des périodes prospères, leur stagnation, leur rétrécissement pendant la période de liquidation des crises commerciales. Une hausse ou une baisse des prix, même générale, n'est pas le signe infaillible d'une réduction ou d'un accroissement de la valeur du métal-étalon. Des causes diverses se mêlent et s'enchevêtrent; les variations des prix sont la résultante de leurs actions combinées.

Nous ne saurions nier la large part de vérité contenue dans ces considérations; nous nous inclinons même devant elles, pour laisser, sans les réduire à la même unité monétaire, les budgets du XIX° siècle. Néanmoins, nous croyons que, pour les budgets antérieurs à la Révolution, cette réduction reste possible. Les causes de variation générale des prix, autres que les fluctuations des métaux précieux sont insuffisantes, leur action est trop limitée pour infirmer complètement dans le passé l'axiome qui sert de base aux méthodes signalées.

Une production croissant dans des proportions supé-

<hr>

même revue, série d'articles, 1887, 1895 et 1899 ; Arnauné, *op. cit.*, p. 26 ; Nitti, *Science des finances*, pp. 94 et suiv. ; Beaujon, *2° Bulletin Institut international de statistique*, 1887, pp. 107-108 ; *Economiste français*, 29 juin 1907, p. 908 ; Levasseur, *Journal des économistes*, 1886, 2, 229 ; Laurent, *Statistique mathématique*, p. 259 ; Gide, *op. cit.*, p. 95.

ricures à la consommation peut occasionner une baisse
générale des prix quand elle atteint la majorité des marchandises; mais cette surproduction généralisée est plutôt le caractère de l'époque moderne, du machinisme
étendu à toutes les branches de la production. Avec la
machino-facture, avec la grande industrie, on conçoit les
crises générales d'encombrement, de « general glut »;
celui-ci n'est guère possible avec l'industrie de famille
ou l'industrie corporative (1). Cette grande cause de variations indépendante est infiniment peu agissante dans
le passé.

La même remarque s'impose au sujet des frais de production. Leur diminution ne date guère que des grandes
découvertes sur l'utilisation de la vapeur, des grands
perfectionnements que l'emploi des machines a permis
dans l'outillage industriel et agricole, et dans les moyens
de transport; de plus, c'est seulement sur un régime de
liberté commerciale que les prix tendent à se niveler sur
les prix de production; avec le régime corporatif, la
diminution de ces frais agit surtout par une hausse des
profits.

Ajoutons que les variations accidentelles causées par
les crises généralisées, ou du moins fort étendues, sont
des phénomènes modernes.

Nous croyons donc que la mesure de la valeur de la
monnaie reste théoriquement possible pour le passé, et
nous réduirons en monnaie moderne, les budgets antérieurs au xix° siècle. Nous nous servirons pour cela, des
travaux devenus classiques de Leber et Natalis de Wailly.

(1) V. P. Pic, *Traité élémentaire de législation industrielle*, introduction, ch. III, pp. 50-105; Ch. Gide, *op. cit.*, pp. 169-182.

Ceux de M. d'Avenel pourront nous permettre d'utiles comparaisons (1). Les difficultés pratiques qui entourent l'application des méthodes théoriques sont énormes; elles n'ont cependant pas été au-dessus du savoir et de la patience de ces savants. La « datum line » adoptée par Leber est la période 1820-1830; Natalis de Wailly a étudié les variations de valeur intrinsèque. M. d'Avenel a pris comme « datum line » l'année 1890.

Nous n'entreprendrons pas la même tâche pour les budgets du XIX⁰ siècle. Les causes de fluctuation des prix autres que la monnaie agissent, depuis 1800, avec une singulière variété et une singulière force; les conclusions tirées de l'application des méthodes que nous avons parcourues pourraient s'éloigner gravement de la vérité.

Le problème de la détermination des différentes forces qui concourent à produire une résultante, reste indéterminé, quand cette résultante est le seul élément connu. Nous avons tourné la difficulté pour le passé, en faisant égales à zéro, les causes de variation autres que la valeur de monnaie; peut-être n'en avions-nous pas absolument le droit, mais en tout cas, cette hypothèse n'était

---

(1) Leber, *Essai sur l'appréciation de la fortune privée au moyen âge*, *passim*, nat., pp. 103 et suiv.; Natalis de Wailly, Mémoire sur les variations de la livre tournois depuis le siècle de Saint Louis jusqu'à l'établissement des lois décennales, inséré dans les *Mémoires de l'Académie des Inscriptions et Belles-Lettres*, t. XXI, 2⁰ partie, pp. 114 et suiv., et particul. tableau V : « Valeur moyenne de la monnaie tournois déduite du cours légal de l'or combiné avec le cours légal de l'argent », p. 234; d'Avenel, *Histoire économique de la propriété, des salaires, des denrées et de tous les prix en général de 1200 à 1800*. Citons également: Bailly, *Histoire financière*, t. II, p. 295. Nous ne nous servirons pas des résultats de Bailly, car ils ont été obtenus par la méthode du prix du blé, que nous avons rejetée.

pas de nature à s'éloigner grandement de la réalité; elle permettait des conclusions approximatives. Au contraire, pour le xix° siècle, ces suppositions ne seraient plus légitimes et, mathématiquement, le problème reste insoluble.

On a cependant essayé de le résoudre et ce qui devait nécessairement arriver s'est produit. Autant d'auteurs, autant de solutions différentes !

En 1873, dans son mémoire présenté à l'Institut (1), M. de Foville conclut que les prix de 1820-1825 à 1870-1875 ont augmenté de 33 %, correspondant seulement à une diminution de 25 % dans le pouvoir d'achat de la monnaie durant la même période.

Stanley-Jevons arrivait, en 1863, à une conclusion à peu près semblable, pour la variation des prix; mais il n'attribuait à la monnaie qu'un amoindrissement de valeur de 9 à 17 % (2).

En 1858, M. Levasseur (3) admettait une augmentation générale de 41,61 % du prix général de toutes les marchandises. Cette hausse, d'après lui, n'était pas due uniquement à la valeur de la monnaie. Il attribuait d'abord à la guerre et à la disette un enchérissement d'environ 20 % pour les produits naturels et de 1 à 2 % pour les produits manufacturés; d'autre part, il considérait que la spéculation commerciale qui, en 1856, à la veille d'une crise commerciale, était à son apogée, avait enflé tous les prix de 5 %. Abstraction faite de toutes ces influences

---

(1) V. ce mémoire reproduit dans une série d'articles de l'*Economiste français*, 1874. (V. p. 20, note 1.)

(2) V. Arnauné, *op. cit.*, pp. 26, 27, 62.

(3) Levasseur, *Question de l'or*, pp. 194, 195, 252, 253.

passagères, les marchandises avaient augmenté de 25 %.
Sur cette hausse, il défalquait 5 % pour tenir compte des
effets du développement de l'industrie et de l'accroissement de la consommation, et la baisse de la monnaie
ressortait à 16,67 %.

Depuis 1873, il y a eu une baisse générale de prix,
qui a cessé depuis quelques années. Tous les pays en ont
souffert. Arnauné l'attribue pour grosse partie aux applications nouvelles de la science à l'industrie (1).
Une légère reprise s'est produite de la fin de 1879 au
commencement de 1882; puis, de nouveau, l'ensemble
des prix a baissé. De 1888 à 1890 on constate encore un
mouvement de hausse, auquel succède bientôt, en 1891,
une nouvelle dépression. Depuis quatre ou cinq ans, un
mouvement de hausse très caractérisé se fait sentir (2).
A quoi attribuer ces mouvements de prix ? A l'appréciation de l'or ? A la diminution des frais de production, par
suite de la substitution des moteurs mécaniques aux
moteurs animés ? A quoi attribuer la hausse incontestable des prix à l'heure actuelle ? A une dépréciation de
l'or ? A la législation de protection ouvrière ? Au développement du protectionnisme ? Peut-être à toutes ces causes, mais dans quelles proportions ? C'est là ce qu'il est
impossible de déterminer.

Si les économistes sont à peu près d'accord pour constater la marche des prix, ils ne s'entendent plus pour
fixer la part qui revient, dans leurs fluctuations, à la

(1) V. Arnauné, *op. cit.*, pp. 53, 62 et suiv.

(2) V. Robert Giffen, rapport cité par le *Bulletin de statistique
du Ministère des Finances*, juin 1789, p. 383. Giffen attribue la dépréciation générale des prix depuis 1873 à un renchérissement de
l'or.

variation du pouvoir de la monnaie (1). C'est le caractère des problèmes indéterminés de pouvoir s'accommoder d'une foule de solutions.

Devant de telles incertitudes et de telles difficultés, nous préférons nous abstenir et nous nous contenterons d'évaluer chacun des budgets du xixᵉ siècle en monnaie de l'année à laquelle il se réfère, laissant quiconque voudrait les utiliser, libre d'opérer les corrections monétaires qu'il croirait pouvoir effectuer.

Nous nous sommes étendus un peu longuement sur cette question de la mesure du pouvoir de l'argent; mais les considérations qui précèdent nous ont paru indispensables. La comparaison d'une série de chiffres ne vaut que ce que valent ces chiffres. Les budgets, évalués en monnaie de même valeur, bénéficieront du degré d'exactitude qu'aura obtenu pour elle-même l'opération préalable du calcul de la valeur de la monnaie; il était par suite, nécessaire de mettre le lecteur à même d'apprécier ce degré d'exactitude. Nous estimerions avoir atteint notre but, si ces pages suffisaient à le convaincre qu'en pareille matière l'exactitude rigoureuse n'est pas réalisable et que des résultats simplement approximatifs peuvent seuls être escomptés.

Quelle que soit l'autorité des savants dont les travaux

(1) V. de Foville, *Economiste français*, 13 mai 1893 ; Allard, *Dépréciation des richesses*, lecture faite à l'Académie des Sciences morales et politiques.

Au sujet de la hausse actuelle des prix, l'incertitude reste la même. M. Paul Leroy-Beaulieu (*Economiste français*, 25 janvier 1908) l'attribue pour grosse part à des facteurs sociaux (hausse des salaires, élévation de la journée de travail), et pour petite part à l'accroissement de la production de l'or et à la spéculation.

et les études viennent d'être rappelés, et chez qui nous puiserons nos renseignements, il ne faut pas perdre de vue que si la valeur intrinsèque des anciennes monnaies peut être calculée avec une grande précision et une véritable exactitude, la détermination de leur valeur relative reste et restera toujours dans le domaine des conjectures et des appréciations. C'est une face de la question qu'on ne saurait négliger et c'est à un point de vue plutôt approximatif que rigoureux, qu'il convient d'en tenir compte, dans l'étude comparative des faits économiques et financiers.

# PREMIÈRE PARTIE

## LES BUDGETS FRANÇAIS

On entend généralement par budget, l'acte qui prévoit et autorise les dépenses et recettes de l'Etat pour l'année à venir; ce ne sont pas ces budgets de prévision que nous avons en vue ici. Nous voulons envisager les comptes définitifs constatant les recettes et les dépenses réellement effectuées et se rapportant à une année, appelée exercice.

A l'époque actuelle, il est facile d'avoir les chiffres de ces budgets; il suffit de consulter les lois de règlement des comptes. Cette clarté n'existe pas de longue date.

L'inobservation des principes de l'unité et de l'universalité suscite déjà de sérieux obstacles pour les budgets antérieurs à 1892, et plus particulièrement pour ceux antérieurs à 1822. Les finances révolutionnaires sont entourées de ténèbres impénétrables, et celles de l'ancien régime n'offrent guère moins d'obscurité.

Les difficultés deviennent de plus en plus grandes, les évaluations de moins en moins certaines, à mesure que l'on remonte davantage dans les siècles. Les rois de

France ne tenaient pas de comptes ou ne tenaient que des comptes insuffisants. Et encore, ces comptes insuffisants ne nous ont-ils pas été transmis. La vieille maxime absolutiste du « secret des finances » faisait aux financiers un devoir de détruire tout ce qui, égaré ou publié, aurait été de nature à éveiller dans l'esprit des sujets une curiosité dangereuse. La publicité ne convient pas aux états purement monarchiques, ils se dissolvent sous l'action de la lumière. « La publicité est liée par un lien indissoluble à la liberté; dès que l'une se montre, l'autre paraît (1). » Les éléments eux-mêmes semblent avoir voulu participer à cette œuvre de destruction. L'incendie de la Chambre des comptes, de 1737, n'en respecta pas les archives et une foule de documents disparurent.

C'est donc à de rares registres officiels, à de rares comptes ayant, par hasard, survécu à ces deux causes d'anéantissement, et très souvent incomplets, et, à défaut, aux chroniqueurs et historiens de ces temps passés qu'il faut demander des renseignements. On conçoit qu'avec de pareilles sources, les résultats ne soient qu'approximatifs.

Est-ce une raison pour conclure à leur inutilité ?

Nous ne le pensons pas. Le but de la statistique, surtout quand elle s'applique au passé, n'est pas seulement de servir de point de départ à des raisonnements mathématiques, mais encore de manifester dans quel sens, dans quelle direction évolue un peuple, et dans le cas présent, d'établir de quelle façon, suivant quelles lois (2)

_________

(1) Clamageran, *Histoire de l'impôt*, t. I, introduction.
(2) Il s'agit ici de lois statistiques, c'est-à-dire de lois de concordance.

les finances d'un pays, finances se rattachant intimement à l'organisation politique, administrative, économique et sociale se sont elles-mêmes développées, ont participé au mouvement, à l'évolution de l'organisation générale.

Pour atteindre un pareil but, des données rigoureuses ne sont pas indispensables; des chiffres approchés suffisent.

En montrant, d'ailleurs, de quelle manière, par quels procédés ces chiffres ont été obtenus, nous donnerons à celui qui voudrait les utiliser, le pouvoir d'en apprécier lui-même le degré de vérité et d'en tirer des conclusions proportionnées à leur exactitude.

Nous diviserons cette première partie en cinq chapitres :

Le premier sera consacré aux budgets de la monarchie féodale (XIIIe et XIVe siècles).

Le deuxième à ceux de la monarchie tempérée (1547-1580, XVIe siècle).

Le troisième à ceux de la monarchie absolue (1600-1789).

Le quatrième à ceux de la Révolution.

Le cinquième aux budgets du XIXe siècle.

Nous ne saurions songer à donner les budgets de chaque année, du moins pour le passé; nous reconstituerons seulement quelques budgets caractéristiques, sur lesquels l'histoire et l'archéologie nous fournissent des données (1).

(1) Nous avions un instant songé à établir les budgets d'années séparées par des intervalles fixes, comme cinquante ou cent ans, par exemple. Pour le très ancien droit, l'étude des sources nous a obligé à abandonner cette conception, cependant logique et rationnelle, puisqu'elle aurait facilement permis des calculs de progression.

# CHAPITRE PREMIER

## Les Budgets du Moyen Age (1)

Le trait caractéristique des finances féodales est
celui-ci :

*Les revenus du roi ne diffèrent en rien de ceux des
autres seigneurs, ils sont purement domaniaux.* Ce principe a été mis, de nos jours, en pleine lumière, par
MM. Léopold Delisle et Boutaric (2), dont les travaux ont
jeté un grand jour sur les obscurités du moyen âge. Les
revenus publics se confondent avec les revenus seigneuriaux. C'est le morcellement des finances, conséquence
nécessaire du morcellement anarchique de la souve-
raineté.

Cette monarchie extrêmement décentralisée est à son
apogée avec les règnes de Philippe Auguste et de saint
Louis; déjà, avec Philippe le Bel, certains germes de

(1) La Gaule romaine n'avait pas de budget propre. Rome y levait
des contributions directes qu'on peut évaluer, d'après Clamageran,
à environ 500 millions de monnaie moderne. Ce chiffre étonne par
son énormité. Quand on considère surtout que la Gaule ne contenait guère alors plus de 10 millions d'habitants, on hésite à le croire
exact, « et cependant, non seulement il ressort de l'étude des textes
spéciaux, mais encore il est confirmé par l'ensemble de tous les documents historiques de cette époque ». Clamageran, *Histoire de l'impôt*, t. I, p. 42, et *Journal des Economistes*, t. XI, p. 90.

(2) Léopold Delisle, « Des revenus publics en Normandie », 4e article (*Bibliothèque de l'Ecole des Chartes*, 3e série, t. III, pp. 105-

centralisation apparaissent, mais nous sommes encore dans la féodalité.

L'étude des budgets de ces monarques suffira à montrer les caractères généraux des budgets de cette époque.

SECTION PREMIÈRE. — **Budgets de Philippe Auguste et de saint Louis.**

### § 1. — *Budget de Philippe Auguste (1180-1223).*

Nous n'avons, sur les budgets de Philippe Auguste, aucun document véritablement officiel. Nous avons de simples évaluations globales, que n'étaye aucune preuve.

Brussel (1), écrivant en 1727 et disposant par suite d'une foule de documents aujourd'hui disparus, depuis l'incendie de la Chambre des comptes (1737), dit : « Il ne me reste plus qu'à donner le montant total des recettes que les *seules* prévôtés de France, c'est-à-dire celles situées dans les provinces dont le roi Philippe Auguste était le haut seigneur immédiat, avant ses conquêtes de 1202, produisaient de temps à autre, dans le cours du XIII° siècle », et il donne les chiffres suivants :

| | |
|---|---|
| 1202 . . . . . . . . . | 32.000 livres parisis. |
| 1217 . . . . . . . . . | 43.000 — |
| 1234 . . . . . . . . . | 53.000 — |

Les évaluations sont incomplètes : Brussel ne parle

135) ; cité par Vuitry, *Régime financier de la France avant 1789* (Impôts du v° au x° siècle), pp. 415 et 416, et Clamageran, *Histoire de l'impôt,* t. I. liv. 3, ch. I, pp. 202 (note 1) et 212 (note 3).

Edg. Boutaric, *Saint Louis et Alphonse de Poitiers,* liv. 3, ch. II.

(1) Brussel, *Nouvel examen de l'usage des fiefs,* t. I, p. 464.

en effet que des prévôtés antérieures à 1202; il s'agit des comptes de 45 prévôtés, alors qu'à la mort de Philippe Auguste, en 1223, il y en avait 94 (1). (A la fin du xiii° siècle, il y en avait 263.)

Rousselot de Surgy (2), Arnould (3), dans son *Histoire générale des Finances*, Bailly (4) se bornent à dire que les revenus de Philippe Auguste étaient d'environ 36.000 marcs d'argent, à 2 livres 10 sous le marc, ce qui fait 90.000 livres tournois (5).

Nous sommes obligé d'accepter ce chiffre devant l'absence complète de documents (chroniques, histoires anciennes et modernes, recherches archéologiques).

Les dépenses furent inférieures aux recettes, puisque Philippe Auguste laissa à sa mort un trésor évalué au minimum à 500.000 livres (6); il économisa donc, annuellement, 12 à 15.000 livres en moyenne, et on peut fixer approximativement le chiffre de ses dépenses à 75.000 livres par an. Le budget moyen peut donc ainsi s'établir :

Recettes . . . . . . . . . . . . .     90.000 l.
Dépenses. . . . . . . . . . . . .     75.000 l.

Ce qui équivaudrait en monnaie moderne :

(1) Vuitry, *op. cit.*, p. 511.

(2) Rousselot de Surgy, *Encyclopédie méthodique*, discours préliminaire (finances), p. 20.

(3) Cité par Vuitry, *op. cit.*, p. 511.

(4) Bailly, *Histoire financière*, t. I, p. 55.

(5) Toutes les sommes que nous évaluerons par la suite en livres, seront estimées en livres tournois, à moins d'indications contraires.

(6) V. Baron de Nervo, les *Finances françaises sous l'ancienne monarchie, la république, le consulat et l'empire*, t. I, p. 13, et Natalis de Wailly, *Recueil des historiens de France*, t. XVII; Le Blanc (*Traité des monnaies*), p. 291, évalue à un chiffre presque double.

$$- 39 -$$

Valeur absolue de la livre tournois (Natalis de Wailly et Leber) = 17,97
Valeur relative (Leber). . . . . . . . . . . . . . . . = 6

Recettes. .   9.703.800 fr., en chiffres ronds. .   10.000.000
Dépenses .   8.086.500 fr.,        —        . .    8.000.000


### § 2. — *Budget de saint Louis* (1226-1270).

Dans une savante dissertation, qui fait suite à la préface du tome XXI du *Recueil des Historiens de France* (1),
M. de Wailly, à l'aide de fragments de compte et de tablettes de cire, est parvenu à évaluer approximativement
le montant des recettes et des dépenses du roi, au milieu
du XIII$^e$ siècle et à reconstituer le budget de saint Louis.
Il serait impossible de reproduire, ici, tous les détails
de ses minutieux calculs. Un simple résumé suffira pour
établir combien la documentation est encore insuffisante
et obscure, à quelles conjectures, à quelles hypothèses
il faut avoir recours pour combler les lacunes.


### A. — Evaluation des recettes

M. de Wailly avait à sa disposition deux comptes par-
tiels rendus au terme de l'Ascension, l'un en 1238, l'autre
en 1248. Il a fallu d'abord séparer avec soin les recettes
ordinaires des recettes extraordinaires, telles que
15.000 livres payées par le comte de Flandre pour la
moitié de son rachat, des recettes arriérées, des reliquats

---

(1) Natalis de Wailly, *Recueil des historiens de France*, t. XXI,
préface et dissertation sur les recettes et dépenses de saint Louis.
V. également Vuitry, *op. cit.*, ch. IX, pp. 511 et suivantes.

conservés en caisse par les comptables (1). Puis pour déduire du compte d'une seule des périodes de l'année financière le produit de l'année entière, supposer que la comptabilité se divisait exactement par tiers à chaque terme (2). De la sorte, M. de Wailly évalue approximativement la recette totale :

> Pour 1238, à . . . . . . . . . .   235.286 l.
> Pour 1248, à . . . . . . . . . .   178.530 l.

sans qu'on puisse se rendre un compte exact des causes qui ont amené, de la première à la deuxième année, une diminution si considérable.


### B. — Évaluation des dépenses

Le chiffre des dépenses locales acquitté par les baillis et les prévôts (3) a pu être déduit du même compte de

(1) Pourquoi opérer ces défalcations? Dans nos budgets modernes, les recettes extraordinaires comptent dans le budget total. Ceci s'explique à raison du caractère strictement exceptionnel que revêtaient ces recettes dans les budgets de saint Louis; car, nous calculons ici le budget moyen, et comprendre les ressources anormales risquerait de nous faire commettre de grosses erreurs. Rien ne nous empêchera d'ailleurs de tenir compte de ces recettes dans la fixation du chiffre définitif.

(2) Les baillis fournissaient en effet leurs comptes aux dates de la Chandeleur, de l'Ascension et de la Toussaint. Est-ce que ces dates divisaient exactement, ou même approximativement, les recettes en trois parties égales? M. de Wailly suppose l'affirmative. Certains documents rapportés par Boutaric (La *France sous Philippe le Bel*, liv. 11, ch. VII), semblent donner raison à cette supposition. Nous y reviendrons en étudiant les budgets de Philippe le Bel.

(3) Sur l'organisation financière de la monarchie féodale, sur la division en prévôtez et baillies ». V. Brussel, *op. cit.*, t. I, p. 421. « Anciennement, les revenus du roi, de quelque nature qu'ils fus-

1238 à 1248. Comme pour les recettes, on a dû retrancher d'abord les dépenses ayant un caractère purement accidentel, et se livrer ensuite à des appréciations plus incertaines pour distinguer les dépenses fixes des dépenses variables, constater le chiffre moyen de la dépense par jour, et, les comptes dont on disposait ne s'appliquant qu'à une partie de l'année, remonter de la dépense moyenne, calculée jour par jour, à la dépense totale de l'année entière, qu'on a ainsi estimée :

> Pour 1238, à . . . . . . . . . . 80.909 l.
> Pour 1248, à . . . . . . . . . . 63.760 l.

Mais il ne s'agit ici que des dépenses locales; il faut déterminer les dépenses de l'hôtel du roi et des autres services centraux, à la charge directe de la couronne. Or, les comptes de 1238 à 1248 sont absolument muets sur ce genre de dépenses. M. de Wailly a dû, alors, faire appel à des tablettes de cire qui ne s'appliquent pas aux années 1238 à 1248, mais à l'année 1256 (10 février-9 février 1257) et à 272 jours de l'année 1257 (10 février 1257-9 novembre 1257). Il faut encore, ici, opérer des défalcations, combler des lacunes, calculer certaines données et les compléter ensuite par des évaluations proportionnelles. C'est en reconnaissant lui-même l'incertitude de ses calculs que M. de Wailly évalue les dépenses centrales du roi :

> Pour 1256, à . . . . . . . . . . 64.007 l.
> Pour 1257, à . . . . . . . . . . 77.907 l.

sent, sont connus sous l'une de ces deux désignations: Prévôtez, Baillies, etc...» L'ensemble des revenus domaniaux formant les recettes ordinaires de la royauté était divisé en recettes de « baillies » et recettes de « prévôtez ».

Pour opérer la reconstitution du budget total, il faut mettre les dépenses moyennes du roi en 1256 et 1257 et les dépenses totales moyennes des années 1238 et 1248, en regard des recettes moyennes effectuées en 1238 et 1248. Nous sommes donc en présence d'un budget empruntant ses différents éléments à quatre années différentes et ainsi constitué :

Recettes brutes totales (moyenne 1238 et 1248). . . . . . 206.908
Dépenses locales      —      —      —   . . . . . 72.334

    Revenu net moyen. . . . . . . . . . 134.574
Dépenses centrales (moyenne 1256 et 1257) . . . . . . 70.957

    Excédent définitif moyen des recettes. 63.617

Ceci constitue, à proprement parler, le budget ordinaire, et nous constatons que les sommes levées par le pouvoir royal se partagent en trois parties sensiblement égales; l'une va aux dépenses locales; l'autre aux dépenses centrales; la dernière, enfin, sert à la constitution d'un trésor d'épargne, destiné à faire face aux dépenses imprévues et monument de véritable sagesse gouvernementale, à une époque où l'absence de crédit n'aurait pas pu permettre de faire appel à l'emprunt pour des circonstances exceptionnelles (1).

Nous avons vu que Philippe Auguste légua à ses successeurs un trésor, que les évaluations les plus faibles fixent à 500.000 livres (2). On ne trouve, au contraire,

____

(1) L'existence de ces réserves est un des traits saillants du régime financier du moyen âge; ou le retrouve dans toutes les grandes seigneuries féodales. (V. Boutaric, *Saint Louis et Alfonse de Poitiers*, pp. 347 et 348.)

(2) V. p. 38, note 6.

aucun legs dans les *Institutions* (1), que saint Louis traça de sa main mourante pour son fils, à Tunis; les dépenses extraordinaires et particulièrement les dépenses de la croisade avaient dû tout absorber.

Nous pouvons donc conclure que, durant son règne, saint Louis a dépensé l'ensemble des revenus qu'il a tirés de son domaine. Le total général des recettes et des dépenses s'équilibre (2).

M. de Wailly même n'a tenu compte que des revenus normaux, ordinaires, à côté, il y avait quelques revenus accidentels (3) et s'il était légitime de les défalquer, quand on voulait obtenir le revenu ordinaire moyen, il n'en reste pas moins vrai que pour la fixation du total général moyen, il est bon d'en tenir compte. En les estimant à 3.092 par an, nous croyons ne pas dépasser la vérité, au contraire, nous sommes au-dessous de celle-ci. Naturellement, ce supplément fut absorbé par les dépenses extraordinaires et nous avons le budget total suivant :

| | | |
|---|---:|---:|
| Recettes totales. . . . . . . . . . . . . . . . . lt. | | 210.000 |
| Ordinaires (revenus du Domaine) . . | 206.908 | |
| Extraordinaires (aides aux 4 castes) . | 3.092 | |
| Dépenses totales . . . . . . . . . . . . . . . . . | | 210.000 |
| Locales. . . . . . . . . . . . . . . . | 72.334 | |
| Centrales. . . . . . . . . . . . . . . | 70.957 | |
| Extraordinaires. . . . . . . . . . . | 66.709 | |

(1) *Mémoires de Joinville*, édition de 1874, p. 401.

(2) Même pourrait-on dire : il a dépensé un peu plus que les recettes ne l'accusent, puisqu'il a épuisé le trésor à lui laissé par Louis VIII le Hutin. Nous ne saurions tenir compte de ce chef de dépenses, puisque le trésor n'est pas évalué.

(3) Citons les dons gratuits demandés aux bonnes villes pour les croisades, les aides pour la chevalerie des fils du roi et le mariage de ses filles.

Evaluons ces chiffres en monnaie moderne :

Valeur intrinsèque de la livre tournois = 17,97.
Pouvoir de l'argent : 6 d'après Leber, 5 d'après N. de Wailly (1).

Avec le chiffre de Leber, 6, le total du budget en recettes et en dépenses est : 22.642.200 francs.

Avec le chiffre de Natalis de Wailly, 5, on a : 18.868.500 francs.

Prenons la moyenne, nous arrivons à 20.755.350 fr., en chiffres ronds : 21.000.000.

Et la distribution moyenne approximative s'établit ainsi :

| | | |
|---|---:|---:|
| Recettes totales . . . . . . . . . . . . . . . . fr. | | 21.000.000 |
| Normales . . . . . . . . . . . | 20.690.800 | |
| Extraordinaires . . . . . . . | 309.200 | |
| Dépenses totales. . . . . . . . . . . . . . . . . | | 21.000.000 |
| Locales . . . . . . . . . . . | 7.233.400 | |
| Centrales . . . . . . . . . | 7.095.700 | |
| Extraordinaires . . . . . . . | 6.670.900 | |

Les résultats sont tirés de la dissertation de M. de Wailly, qui les contenait implicitement ; nous ne pouvons mieux faire que reproduire les appréciations de celui-ci sur leur exactitude. Il reconnaît expressément, que « quand même il aurait réussi à choisir les hypothèses les plus vraisemblables et à n'en déduire que les conséquences les plus légitimes, les éléments dont il disposait étaient trop incomplets pour ne pas laisser une large place à l'incertitude et à l'erreur. Ce n'est donc pas, ajoute-t-il, un maximum ou un minimum que nous avons voulu pré-

(1) V. N. de Wailly, *Historiens de France*, t. XXI, pp. 77 à 91.

senter : ce sont deux évaluations qui semblent, l'une et
l'autre possible, et dont la moyenne pourrait être acceptée comme probable (1) ».

En d'autres termes, les chiffres que nous venons de
produire sont plutôt des indications, à l'aide desquelles
on peut seulement reconnaître et constater, dans son
ensemble, le caractère général du régime financier de la
monarchie féodale.

Et M. de Wailly dégage lui-même ce caractère général. « De tout ce qui précède, on est autorisé à conclure
que les revenus ordinaires de la monarchie suffisaient
largement aux dépenses ordinaires, et que l'excédent de
ces revenus domaniaux offrait toutes les ressources
nécessaires, non seulement pour la construction des édifices religieux et les dotations pieuses, mais encore pour
la plupart des dépenses imprévues que pouvaient commander ou conseiller les intérêts de l'administration et
de la politique (2). »

SECTION DEUXIÈME. — **Budget de Philippe le Bel** (1288-1314).

Après avoir évalué les revenus de Philippe Auguste
à 36.000 marcs, valant 90.000 livres (3), Rousselot
de Surgy ajoute que Philippe le Bel fit monter les siens
à 80.000 marcs, valant, à raison de 5 livres le marc,
400.000 livres (4).

(1) *Op. cit.*, préface, p. LXXIII.
(2) *Op. cit.*, préface, p. LXXVI.
(3) V. p. 27, note 2.
(4) Il ajoute : « Somme d'autant plus considérable pour l'époque,
qu'alors la Guyenne, la Bretagne, le Dauphiné, les deux Bourgognes, l'Auvergne, le Bourbonnais, la Flandre et plusieurs autres

Bailly (1) semble se référer à un chiffre plus élevé encore. « Des écrivains, dit-il, pensent que Philippe le Bel se procura un revenu six fois plus élevé que celui dont avait disposé, un siècle auparavant, Philippe Auguste. » D'où il paraît évaluer le budget de Philippe le Bel à environ 550.000 livres.

Arnould (2) reproduit la même évaluation que Rousselot de Surgy en marcs d'argent, mais en attribuant à celui-ci une valeur inférieure (3 livres au lieu de 5).

Il n'y a là que des indications sans preuves, incertaines et contradictoires, et il nous serait difficile de faire un choix entre ces différents résultats. Mais nous avons à notre disposition une œuvre d'une érudition profonde et d'un travail consciencieux. L'étude de M. Boutaric (3) sur les finances de Philippe le Bel fait le pendant de celle de M. de Wailly sur les finances de saint Louis, et c'est à elle que nous allons demander une évaluation plus exacte et plus complète des dépenses et des ressources de la couronne au commencement du xiv° siècle.

Nous sommes obligé de diviser en deux parties l'étude de ce budget; l'une sera consacrée au budget ordinaire, l'autre au budget extraordinaire; il nous restera à additionner les résultats pour avoir le budget total.

grandes seigneuries n'étaient pas encore réunies à la couronne. » p. 22.

(1) Bailly, *op. cit.*, t. 1, p. 81.

(2) Arnould, *Histoire générale des finances*, note 6; cité par Vuitry, *Etudes sur le régime financier de la France avant 1789*, nouvelle série, t. I, p. 310.

(3) E. Boutaric, La *France sous Philippe le Bel*, liv. 10, ch. VII, pp. 326 et suiv. V. également le résumé de ces travaux dans Vuitry, *op. cit.*, t. I, pp. 311 et suiv.

### § 1. — *Budget ordinaire.*

### A. — Recettes

M. Boutaric avait à sa disposition quatre documents :

1° Un compte au terme de la Chandeleur 1287, intitulé: *Magna recepta et expensa regis.*

2° Un compte des bailliages et prévôtés de France au terme de la Toussaint 1299.

3° Un compte semblable pour le terme de l'Ascension, 1305, comprenant aussi le terme précédent de la Chandeleur.

4° Un compte des anciens domaines d'Alfonse (frère de saint Louis), de la Saint-Jean 1293 à la Saint-Jean 1294.

Pour dégager, des trois premiers de ces comptes, le produit comparable des bailliages et prévôtés de France, Boutaric fait subir certains retranchements (analogues à ceux opérés par M. de Wailly, dans les comptes de 1248 et 1258), et il arrive aux résultats suivants, pour le montant du produit annuel des bailliages et prévôtés :

Pour le terme de la Chandeleur, 1287 . . . lt.     56,839
Pour celui de la Toussaint, 1299. . . . . . . .     55.102
    —        de l'Ascension, 1305 . . . . . . . .     56 304

L'uniformité de ces trois chiffres est une présomption de leur exactitude (1). Elle prouve, en outre, que la comptabilité du moyen âge était divisée en trois parties égales,

(1) Elle est, en outre, une présomption de légitimité en faveur de la supposition de M. de Wailly. Cf. p. 40, note 2.

correspondant chacune à l'une des trois périodes de l'année financière.

Pour avoir le produit d'une année entière, il suffit de tripler celui d'un des termes; et, de la sorte, la recette de 1306 est de 169.092 livres. En ajoutant les recettes des bailliages de Tours et de Mâcon, qu'on avait retranchées pour comparer un terme de cette année à ceux de 1287 et 1299, on obtient pour le montant des recettes des bailliages et prévôtés de France, pour 1305, le chiffre de 184.280 livres tournois.

La monarchie féodale en 1305 comprenait, en outre des bailliages et prévôtés de France, l'ancien domaine d'Alfonse (1) et la Normandie.

La pièce (n° 4) donne (1293-1294), pour les revenus tirés du domaine d'Alfonse, 100.736 livres tournois.

En 1314, un document officiel (2) évalue le produit net de la Normandie à 100.000 livres tournois; M. Boutaric porte le produit brut à 125.000.

D'où, en réunissant ces trois éléments, on a :

| | |
|---|---|
| Recettes des bailliages de France. . . . lt. | 184.240 |
| Ancien domaine d'Alfonse . . . . . . . . . | 100.756 |
| Normandie . . . . . . . . . . . . . . . . | 125.000 |
| Total (3) . . . . . . . . . | 409.996 |
| En chiffres ronds . . . . | 410.000 |

(1) Le domaine d'Alfonse comprenait les comtés de Toulouse et de Poitiers.

(2) *Ordonnance du 19 janvier 1313*, publiée par M. Boutaric (p. 342), constitue un document historique des plus précieux.

(3) M. Boutaric a soin de faire remarquer qu'il n'y a là qu'un résultat très approximatif; il y a des oublis (sénéchaussées de Carcassonne, de Beaucaire, de Lyon); de même les recettes de la Champagne, les amendes du parlement, droit de sceau, régales, sont omis, faute de documents.

## B. — Dépenses

Les documents ci-dessus énumérés nous donnent les renseignements suivants pour les dépenses locales.

Dépenses locales des bailliages et prévôtés de France (déduites de la pièce n° 1). . . . . . . . . . . . . lt.    107.196
Dépenses locales du domaine d'Alfonse (pièce n° 4). . .    32.381
Dépenses locales de la Normandie (estimées comme ci-dessus indiqué). . . . . . . . . . . . . . . . . . .    25.000
    164.577

Pour les dépenses centrales, nous avons les renseignements suivants :

La pièce n° 1 les évalue pour 1287 à . . . . . . . . .    129.348
Une note tirée d'un registre de la Chambre des comptes et se rapportant à l'année 1301, les porte à (1). . . .    334.360
L'ordonnance de 1313, à. . . . . . . . . . . . . . .    179.625

Prenons la moyenne, nous avons :    214.565
En ajoutant à ce chiffre celui des dépenses locales. . .    164.577
On arrive au total des dépenses suivant. . .    379.142

(1) La raison du chiffre très élevé de 1301 tient, sans doute, comme le fait remarquer Boutaric à ce qu'à cette époque la monnaie était déjà très affaiblie. Aussi celui-ci opère-t-il une réduction. Nous pensons, avec M. Vuitry, que cette réduction est inutile et peu susceptible d'améliorer les résultats. D'abord, dans quelle proportion faut-il la déterminer? Ensuite, il ne faut pas oublier que M. Boutaric a pris comme base d'évaluation des recettes l'année 1305, où l'affaiblissement monétaire était plus considérable encore; il serait absolument contradictoire de réduire les dépenses, alors qu'on ne fait pas subir la même opération aux recettes. D'ailleurs mieux vaut un chiffre fort que faible, car, certainement, dans les comptes que nous possédons, il existe des omissions de dépenses, notamment de toutes celles effectuées par le chambellan du roi, appelé l'argentier. De plus, en prenant la moyenne, on atténue l'erreur.

4

— 50 —

Le budget ordinaire se balance donc ainsi :

<pre>
Recettes . . . . . . . . . .    410.000
Dépenses . . . . . . . . . .    379.142
      Excédent . . . . . .       30.858
</pre>

## § 2. — *Budget extraordinaire.*

### A. — Recettes

M. Boutaric a dressé lui-même le tableau des recettes extraordinaires perçues par Philippe le Bel, de 1292 à 1314. Il en évalue la somme à 10.625.000 livres, dont plus de la moitié fournie par les décimes ecclésiastiques (5.460.000). Il fait remarquer les lacunes des évaluations officielles qui lui ont fourni la base de cette nomenclature (1) : « Dans le total ci-dessus indiqué, ne sont compris, en effet, ni le produit des impôts pour la guerre d'Aragon, ni ceux de l'aide pour le mariage d'Isabelle et pour la chevalerie de Louis le Hutin, ni le produit de la confiscation des biens des juifs, ni certains impôts tels que la taille de Paris, qui ne fut pas inférieure à 100.000 livres tournois (2). »

M. Clamageran (3) a pu compléter les chiffres de M. Boutaric à l'aide de documents puisés dans le *Recueil des Historiens de France* (4), et il évalue les sommes extraordinaires levées par Philippe le Bel à 12.600.000 li-

(1) Les renseignements ont été fournis par l'ordonnance du 19 janvier 1313.

(2) Boutaric, *op. cit.*, liv. 10, ch. VII, p. 339.

(3) Clamageran, *Histoire de l'impôt*, t. I, pp. 324, 325, 326.

(4) V. *Historiens de France*, t. XXI, pp. 566 et 570.

vres tournois (en y comprenant, notamment, les prêts
volontaires des Italiens). Et remarquons que c'est encore
un minimum, puisque sont omises certaines recettes
extraordinaires, antérieures à 1292, et qui furent, il est
vrai, très peu importantes, de l'avis de MM. Clamageran
et Boutaric. En tenant compte de cette omission, on peut,
sans exagérer, estimer à environ 13.000.000 de livres la
somme des recettes extraordinaires effectuées durant le
règne de Philippe le Bel : ce qui fait, en chiffres ronds,
une moyenne de 500.000 livres par an.

## B. — Dépenses

Nous avons vu que la balance des recettes et des dépenses du budget ordinaire accusait un excédent de
recettes d'environ 30.000 livres. Cette somme ne pouvait
aller qu'à l'épargne ou aux dépenses extraordinaires.
Or, Philippe le Bel n'a pas épargné, puisqu'à sa mort
le trésor était complètement vide. Les dépenses extraordinaires ont donc absorbé, à la fois, les recettes extraordinaires et l'excédent du budget ordinaire. Elles atteignaient donc, en moyenne, 530.000 livres par an (1). Et
le budget extraordinaire peut ainsi s'établir :

| | | |
|---|---|---|
| Recettes | lt. | 500.000 |
| Dépenses | | 530.000 |
| Déficit | | 30.000 |

(1) Il s'agit d'une moyenne purement fictive, puisque ces dépenses
varient dans de fortes proportions d'une année à l'autre, suivant les
hasards de la guerre et de la politique. Néanmoins, cette moyenne
rend un compte assez exact de la gestion budgétaire de Philippe le
Bel ; elle rend éclatant le grand développement des moyens extraordinaires survenus depuis saint Louis.

### § 3. — *Budget total.*

Le budget total nous est facilement donné par l'addi-
tion des budgets ordinaires et extraordinaires.

|  |  |  |
|---|---:|---:|
| Recettes ordinaires . . . . . . . . . . lt. | 410.000 |
| Recettes extraordinaires. . . . . . . . . | 500.000 |
| Recettes totales . . . . . . . . | 910.000 |
| Dépenses ordinaires. . . . . . . . . . | 380.000 |
| Dépenses extraordinaires . . . . . . . . | 530.000 |
| Dépenses totales. . . . . . . . | 910.000 |

Il reste maintenant à exprimer ces résultats en monnaie moderne; la tâche est assez complexe pour que
M. Vuitry n'ait pas cru devoir opérer cette évaluation
(pour le budget ordinaire, dont il s'est seulement occupé).
En effet, Philippe le Bel passe pour le maître en fait
d'altérations monétaires, et sa mémoire est flagellée par
le surnom de faux-monnayeur, immortalisé contre lui
par les vers impérissables du Dante (1). On a, il est vrai,
protesté contre ce titre immérité, dit-on (2). M. Boutaric,
par l'examen scrupuleux et attentif des faits étudiés à la
fois au point de vue spécial des monnaies et général des
finances et de l'économie politique, a montré qu'il y a là
une contradiction plus apparente que réelle, reposant
sur une confusion. Ce n'était, en réalité, ni l'abaissement
du titre, ni la diminution du poids qui avaient produit
l'affaiblissement de la monnaie, et quand les historiens

(1) Dante, *Le Paradis*, ch. XIX.
(2) De Saulcy, *Bibliothèque de l'Ecole des chartes*, 1876, p. 145,
cité par Vuitry, *op. cit.*, t. I, p. 181.

et les publicistes ont caractérisé en ces termes les opérations monétaires de Philippe le Bel, ils se sont servi d'expressions inexactes. Cet affaiblissement avait été le résultat de l'élévation arbitraire de la somme exprimée en monnaie de compte, pour laquelle les espèces monnayées circulaient. Cet exhaussement du cours légal des espèces monnayées eut pour conséquence nécessaire la réduction de valeur de la monnaie de compte. « Philippe le Bel, dit M. de Wailly, laissa la livre tournois au 10/11 de la valeur qu'elle avait à son avènement, mais après lui avoir fait subir 22 variations, surtout dans les dernières années de sa vie. »

Quelle valeur allons-nous choisir pour réduire le budget ? Suivant que nous prendrons la valeur de 1295 ou de 1305, nous ferons des écarts de près des deux tiers (1). Nous croyons devoir prendre la valeur moyenne (intrinsèque) du règne, que nous pouvons fixer, d'après M. de Wailly, à 13,50.

Le pouvoir de l'argent est, d'après Leber, mesuré par le chiffre 6. On a donc le budget suivant :

| | | |
|---|---|---:|
| Recettes ordinaires | fr. | 33.210.000 |
| Recettes extraordinaires | | 40.500.000 |
| Total | | 73.710.000 |
| Dépenses ordinaires | | 30.780.000 |
| Dépenses extraordinaires | | 42.930.000 |
| Total | | 73.710.000 |
| En chiffres ronds | | 74.000.000 |

(1) On ne peut songer à calculer chacun des éléments du budget en se servant de la valeur de la livre tournois pour l'année à laquelle il est emprunté. Souvent, dans le cours même d'une année, des variations considérables ont lieu et aucune raison ne permet de choisir un chiffre plutôt qu'un autre.

### Section Troisième. — Considérations générales sur les budgets féodaux.

Telles sont les finances de la monarchie féodale; nous avons tenu à résumer le processus suivi pour les constituer; le degré d'exactitude et d'approximation peut, ainsi, être facilement saisi.

Quelque approchés que soient les résultats obtenus, ils suffisent, cependant, à manifester d'une manière éclatante le rapide accroissement des budgets. En un siècle, la progression a été de 1 à 7.

Sans doute, cette augmentaion a, pour partie, sa source dans l'agrandissement du domaine; les recettes et les dépenses en ont été accrues; mais là n'est pas la principale cause de l'accroissement : les revenus domaniaux (1) sont devenus insuffisants. Alors qu'avec Phi-

(1) Les *revenus ordinaires* sont les revenus du domaine; les *revenus extraordinaires* sont : 1° ceux qui se rattachent à une conception déjà agrandie du pouvoir royal (le roi est grand voyer, grand justicier du royaume; seul, il vend des immunités et lève des contributions sur tout le royaume (décimes); 2° ceux qui, tout en faisant partie des droits seigneuriaux, revêtent un caractère exceptionnel, extraordinaire (aide aux quatre cas., contribution de guerre, confiscation des biens des juifs).

Les *revenus du domaine* peuvent se classer en trois catégories : 1° ceux qui ont véritablement le caractère domanial dans l'acception moderne du terme (cens, dîmes et autres droits sur les récoltes, mines, forêts, pêche, biens vacants, épaves, banalités, monopoles); 2° ceux qui correspondent à nos impôts indirects (taxes); c'est la majorité des droits fiscaux du domaine : péages, droits sur les ventes, mutations, mainmorte, relief, lods et ventes, mariage, for-mariage, justice, voirie, poids et mesures, monnaie, sceaux, etc.; 3° ceux qui, peu nombreux, ont le caractère de nos impôts directs (chevages, aides gracieuses).

lippe Auguste ils paraient aux dépenses extraordinaires et permettaient facilement la constitution d'un trésor de réserve considérable, alors qu'avec saint Louis ils suffisaient encore aux dépenses extraordinaires, ils ne pouvaient plus, sous le règne de Philippe le Bel, couvrir les dépenses extraordinaires de la paix. Les transformations administratives de la société féodale vers une monarchie à la fois plus large et plus centralisée ont occasionné une augmentation des dépenses plus rapide que l'accroissement des revenus ordinaires. Le régime fiscal de la féodalité ne permettait pas au roi d'élever à son gré la perception du fisc, en raison des besoins d'intérêt général auxquels elle avait à pourvoir; il était, par suite, nécessaire de faire appel à des contributions plus élastiques et plus souples, qui sont les ressources extraordinaires.

Nous laissons en dehors des comptes financiers l'immense liste des services en nature: corvées, milices, etc.

Les *revenus extraordinaires* proviennent en grande partie d'impôts directs: décimes (5.460.000), cinquantièmes et centièmes (4.636.000), aides extraordinaires, etc. Sur le total de 13.000.000 de livres d'impôts extraordinaires levés par Philippe le Bel, les impôts directs ont fourni plus de 10.000.000; les moyens exceptionnels (tels que confiscation des biens des juifs et des Lombards, contributions de guerre), ont donné au maximum 2 millions. Les impôts à forme indirecte (rachats de deniers pour livres) n'ont pas dépassé 300.000 livres.

On peut donc dire que les recettes extraordinaires correspondent approximativement à nos impôts directs, tandis que les revenus ordinaires comprennent ce qui, de nos jours, constitue les produits du domaine, des monopoles et des impôts indirects.

La distinction entre dépenses ordinaires et extraordinaires n'offre rien de particulier; elle correspond à peu près à notre conception moderne. V. Clamageran, *op. cit.*, t. I, liv. 3, ch. III, IV, V, VI.

Déjà, avec Philippe le Bel, nous les voyons occuper la place prépondérante; elles ont encore un caractère anormal, exceptionnel. La persistance des besoins qui les engendrent en assureront la permanence et la normalité. C'est la source d'où va sortir l'impôt proprement dit, par opposition au domaine, élément régulier et durable des budgets futurs.

# CHAPITRE II

## Les Budgets de la Monarchie tempérée (1).

BUDGETS MOYENS DE 1547 A 1580

Nous avons laissé les finances de la féodalité en voie
de transformation, rendue nécessaire par l'évolution
même de la monarchie vers l'organisation administrative
et la centralisation. Nous n'essayerons pas de les suivre,
pas à pas, sous les successeurs de Philippe le Bel. La
tâche serait à la fois trop lourde et trop ingrate, puisqu'elle a rebuté des esprits comme M. Vuitry : « Il ne
nous reste pas, ou presque pas, dit-il, de documents qui
pourraient nous permettre d'éclairer cette partie importante d'un règne réparateur (Charles V), si digne de fixer

(1) Monarchie tempérée en ce sens que les Etats généraux fonc-
tionnent encore (bien que rarement), et que le monarque n'a pas
encore théoriquement la plénitude du pouvoir absolu; mais, en
réalité, au point de vue administratif, la centralisation est déjà
considérable. C'est en effet sous le règne de Charles VII qu'on peut
placer, en France, la disparition des pays d'Etat et celle
de la personnalité morale des provinces. Déjà, en 1580, à la suite
de scrupules libéraux, les Etats généraux de Blois demandaient la
suppression des intendants, ce qui prouve que déjà, à cette date,
la centralisation était très forte. Il est vrai que les guerres de religion empêchaient celle-ci de s'exercer pleinement et que beaucoup
de parties de la France échappaient à l'action du pouvoir central:

l'attention des historiens et des économistes. » Et l'éminent savant renonce à fournir des résultats précis pour s'en tenir à quelques appréciations générales.

Devant de pareilles difficultés et de semblables lacunes, pour un règne cependant relativement calme, nous préférons nous abstenir et arriver immédiatement aux budgets de la période (1547-1580), pour laquelle nous possédons, dans l'ouvrage de Froumenteau, une base de documentation solide et sérieuse :

### SECTION PREMIÈRE. — Valeur statistique du « Secret des finances ».

En 1580, une réunion des délégués des trois ordres était assemblée pour protester contre les impôts et en demander la diminution. On fut d'avis qu'il fallait, avant de porter au roi des réclamations, connaître exactement le montant des subsides payés par les différentes parties du royaume.

Malgré les protestations du clergé, à qui sa qualité de protestant et sa large compétence le rendaient suspect, Froumenteau (1) fut chargé de ce travail préparatoire.

Trois mois après, il présentait un mémoire intitulé : « Estat au vray des deniers ordinaires et extraordinaires levés tant du domaine du roy, que sur ses sujects et gens des trois estats de son rayaume, Ensemble des charges ou despenses sur ce faictes, depuis l'avènement à la couronne de feu roy Henri deuxième jusqu'au dernier de décembre MDLXXX... »

(1) Froumenteau est le pseudonyme d'un personnage dont le nom exact n'est pas connu.

Froumenteau y additionnait l'ensemble des recettes, par branches, depuis l'avènement de Henri II jusqu'à la fin de 1580, et il procédait de la même façon pour les dépenses.

Il établissait ainsi que les sommes levées au nom du roi étaient supérieures de 175 millions d'écus aux sommes dépensées; « la mise devait à la recette 525.794.000 livres, et le roy devait avoir de clair et liquide dans ses coffres pareillè somme ». Or, le trésor royal se plaignait d'une pénurie complète de ressources; d'où la conclusion nécessaire que ces 175 millions d'écus avaient été dilapidés et gaspillés. Dans « une épître au roy » servant d'introduction, Froumenteau indiquait les moyens de faire les preuves de ses chiffres par « estats de toutes les receptes particulières de ce royaume, diocèse par diocèse ou bailliage par bailliage », et il s'engageait à fournir la liste nominative des principaux concussionnaires « à l'effet de leur faire rendre gorge ».

A la lecture de ces conclusions, l'assemblée, à nouveau réunie, resta, nous dit l'auteur, quelques instants interdite; puis, vint le temps de la réflexion; certains députés vérifièrent les chiffres chapitre par chapitre, avec conscience et minutie; ils ne purent que se rendre à la vérité. On décida alors de charger le même financier de réunir et de publier les preuves qu'il annonçait dans l' « épître » et « l'argument » placé en tête du mémoire. .

Froumenteau rassembla alors les états détaillés par diocèses, sénéchaussées, bailliages, élections, prévôtés et châtellenies du royaume. L'assemblée accepta le travail et l'adressa au roi, « qui, nous dit l'auteur, y prit un très singulier plaisir ».

Ces nouvelles recherches furent réunies au mémoire primitif et le tout forma le *Secret des Finances* (1), avec deux développements qui furent adjoints. L'un intitulé « Preuves », indique les moyens de contrôler les chiffres et l'autre contient la conclusion générale : réformer les abus et « faire restituer ceux qui ont eu les mains trop gluantes ».

S'il ne fallait que vanter les qualités de méthode et de clarté dans l'exposition absolument nouvelles pour l'époque, notre tâche serait aisée et ne souffrirait ni difficultés ni controverses; mais il est une question primordiale qu'il faut résoudre : celle de l'exactitude des renseignements.

Clamageran la met formellement en doute (2). Tout d'abord, il suppose que cette prétendue réunion de gens des trois ordres est une pure fiction, et il ajoute : « Les chiffres des dépenses et des recettes sont évidemment enflés, mais ceux des dépenses beaucoup moins que ceux des recettes. La véritable moyenne des recettes était tout au plus de moitié, même en tenant compte des frais de perception, qui ne figuraient pas dans les états de recettes. »

Nous ne croyons pas devoir nous ranger à l'opinion

(1) « Le *Secret des finances de France*, découvert et départi en trois livres par N. Froumenteau, et maintenant publié pour ouvrir les moyens légitimes et nécessaires de payer les dettes du roi, décharger ses sujets des subsides imposés depuis tente et un ans et recouvrer tous les deniers pris à Sa Majesté. »

Les deux derniers livres indiquent également les revenus du clergé, le nombre des archevêchés et évêchés, pairs de France, parlements, des maisons, fiefs, paroisses, etc.; il étudie, en outre, les ravages de la guerre civile.

(2) Clamageran, *op. cit.*, t. II, liv. 2, chap. XIII, p. 311.

de Clamageran. Quand bien même la réunion qui sert
de cadre à l'ouvrage serait une pure fiction — et cela
n'est pas certain, puisque Clamageran n'en apporte
aucune preuve — il n'y aurait rien là qui soit de nature
à infirmer les résultats et à faire douter de leur exactitude; une œuvre vaut par elle-même, par sa documentation, indépendamment des circonstances qui l'ont fait
naître.

A envisager le *Secret des Finances* en lui-même, on y
constate un ton général de franchise et de sincérité, une
absence de haine et de parti pris, qui créent une forte
présomption de vérité. Froumenteau indique les moyens
de contrôler, de vérifier ses chiffres; il met même une
insistance frappante à engager les lecteurs, les financiers
à opérer cette vérification. Il serait absolument inouï de
voir un auteur fournir si nettement, si instamment, les
moyens de faire constater ses erreurs et de se faire con-
fondre; s'il n'avait eu une inébranlable confiance en ses
données, il aurait retranché de son ouvrage le développement consacré aux « preuves ». Il est vrai que les
moyens de vérification recommandés sont aujourd'hui
perdus pour nous, et cette garantie peut nous paraître
illusoire; mais n'étaient-ils pas à la portée des contem-
porains ? Cependant, on ne trouve chez eux aucune trace
de protestation. Objectera-t-on que le livre passa ina-
perçu ? Clamageran lui-même reconnaît que le retentis-
sement en fut considérable.

Il est vrai qu'à côté des raisons de croire, il y a des
raisons de douter. C'est ainsi que Froumenteau, dans
les deux derniers livres, nous donne des renseignements
aventurés et nécessairement fort peu exacts; pour ne

nous attacher qu'à un seul exemple, citons la statistique des femmes violées pendant les guerres de religion. Le chiffre exact était ici difficile à découvrir, et il est formulé avec une précision qui fait naître le doute.

L'objection n'est pas concluante. Dans l'esprit de Froumenteau, cette statistique des femmes violées ne visait pas à la même exactitude que celle des faits financiers. Il ne nous dit nulle part que la preuve puisse en être faite par « actes authentiques ». C'est le résultat d'enquêtes personnelles, ne méritant que la confiance s'attachant à une statistique portant sur ce genre de faits. La certitude des résultats d'une statistique dépend, en effet, des faits qu'elle constate. Les faits financiers enregistrés par les différentes administrations offre, à cet égard, de grandes garanties. Les résultats obtenus par des enquêtes sont au contraire infiniment moins certains; mais ces deux ordres de recherches ne sauraient être rendus solidaires, parce qu'ils sont réunis dans un même ouvrage. L'inexactitude des chiffres établis par enquêtes ne peut en rien ébranler notre confiance dans les résultats de la statistique financière. Froumenteau avait parfaitement fait la distinction. S'agit-il, en effet, de faits financiers ? il s'abstient quand il manque de données, comme, par exemple, dans l'évaluation des impôts sous Louis XII. Il se montre, au contraire, beaucoup moins réservé dans l'étude des ravages causés par les guerres de religion.

Reste une dernière objection, d'apparence plus sérieuse et qui, pour n'avoir pas été explicitement formulée par Clamageran, ne s'en dégage pas moins nettement de ses travaux. Celui-ci, en effet, à l'aide d'un

certain nombre de documents officieux ou officiels, a
établi les budgets de l'époque (1547-1580), et il arrive à
des sommes de presque moitié inférieure à celle de Froumenteau.

Il y aurait là une preuve décisive de l'erreur des statistiques de Froumenteau; mais, au préalable, il faudrait
établir l'exactitude des résultats de Clamageran. Or,
rien n'est moins facile; la reconstitution des budgets
d'époques aussi lointaines et aussi tourmentées ne peut
viser à une certitude suffisante pour infirmer des sources
de l'époque. Mais, même en supposant exacts (ce qui doit
être), les résultats de l'*Histoire de l'Impôt*, nous ne les
croyons pas de nature à réfuter ceux du *Secret des Finances*, ou même à diminuer la confiance que nous avons
en eux.

Les documents de Clamageran sont, en effet, consti-
tués par des ordonnances, les états royaux officiels et
les officieuses *Relations des ambassadeurs vénitiens*.
Ils peuvent accuser la liste véritable des recettes réellement parvenues dans les caisses royales, des dépenses
effectivement opérées par l'ensemble des administrations
centrales ou locales; mais ils ne sauraient faire mention des sommes énormes levées au nom du roi, et dila-
pidées, détournées en cours de route, sans laisser de
traces. Clamageran puise ses renseignements dans les
registres du pouvoir central, au sommet de la hiérarchie
financière, Froumenteau, au contraire, va les chercher
en bas, à l'endroit même où la levée première des deniers
royaux est constatée, chez les premiers collecteurs.
Nécessairement, les résultats doivent être différents; ceux
de Clamageran laissent de côté ces 175.000.000 d'écus

qui furent demandés aux contribuables pour les besoins
du roi ou de ses administrations, et qui, cependant, ne
furent pas utilisés à son service. La perception n'en est
mentionnée que dans les états des receveurs primaires;
elle est volontairement omise dans les comptes réguliers
du pouvoir central (1).

Pour rendre les résultats de Froumenteau et de Clamageran comparables, il faudrait défalquer du total des
recettes chez ce dernier l'ensemble des sommes détournées. On arriverait, de la sorte, à une moyenne annuelle
de 28 millions de livres, à peu près voisine de celle indiquée par Clamageran pour les années comprises entre
1577 et 1588 et variant entre 27 et 30 millions (3).

Mais cette défalcation ne doit pas être opérée. Les
sommes gaspillées constituent une charge pour le pays
et elles doivent figurer au budget de l'État en recettes et
en dépenses, car les détournements sont imputables à
l'administration défectueuse des deniers publics par la
monarchie; il est donc juste et nécessaire de les faire
rentrer dans les budgets de celle-ci; elles y seront une
réponse à ceux qui veulent faire des gaspillages dits

(1) Froumenteau semble avoir prévu l'objection et il insiste sur
la distinction à établir entre les deux ordres de sources: « On pré-
tend, dit-il en expliquant le but qu'il a poursuivi, non seulement
montrer les recettes qui sont tombées dans les coffres du roi, mais
aussi celles qui n'y sont pas tombées, *qui reviennent à beaucoup plus
grandes sommes que celles spécifiées en cet état* (registre du pouvoir
central), et pour cette nature de deniers, faut par nécessité qu'on
*voit distinctement et à part l'état de chacun diocèse*, parce qu'il
servira de grande instruction à ceux qui vraiment son dévotionnés
au service du roi et dispensation de ses finances. » (*Secret des finances*, argument.)

(2) *Op. cit.*, t. II, liv. 2, ch. IV, p. 244.

« démocratiques » une arme de combat contre nos cons-
titutions modernes.

Nous avons, croyons-nous, suffisamment établi et jus-
tifié la confiance que nous mettons dans l'œuvre de Froumenteau. Peut-être même avons-nous trop longuement
insisté; nous avons cru devoir le faire, car les emprunts
que nous allons largement effectuer au *Secret des Finances* ne vaudront que ce que vaut l'ouvrage lui-même;
il était, par suite, nécessaire de démontrer qu'en l'absence d'autres sources de renseignements, ou du moins
en face de leur insuffisance, la statistique de Froumenteau constitue une base très acceptable et suffisamment
exacte (1).

SECTION DEUXIÈME. — **Montant du budget moyen de 1547 à 1580.**

### § 1. — *Les Recettes.*

Froumenteau nous donne, pêle-mêle et sans classifi-
cation, l'ensemble des recettes, ou mieux, des sommes
levées par le pouvoir central ou au nom de ce pouvoir,
de 1547 à 1580. Nous les cataloguerons sous les rubriques suivantes :

A. — RECETTES ORDINAIRES :

1. Domaine et bois.
2. Impôts directs.
3. Impôts indirects.
4. Divers.

(1) La précision ne saurait en être comparée à celle de nos statistiques financières modernes; mais elle n'en reste pas moins le premier essai de statistique véritablement sérieuse dans l'ancien droit.

1. Emprunts et ressources exceptionnelles.
2. Offices.

## A. — Recettes ordinaires

### 1. *Produits du domaine et bois.*

| | |
|---|---:|
| Domaine (éval. globale d'une partie des produits)(1) lt. | 79.400.000 |
| Confiscations extraordinaires. | 12.700.000 |
| Amendes extraordinaires | 17.600.000 |
| Légitimation, aubaine et bâtardise | 9.300.000 |
| Monnaie | 9.000.000 |
| Franc-fiefs et nouveaux acquets | 9.000.000 |
| Epaves et prises de mer | 21.000.000 |
| Communs et pâturages. | 7.000.000 |
| Procureurs, notaires et sergents (droits sur les actes). | 14.000.000 |
| Annates | 6.700.000 |
| Vente des bois | 19.000.000 |
| Total | 204.700.000 |

### 2. *Impôts directs.*

| | |
|---|---:|
| Taille ordinaire et accessoires. Taille militaire. . lt. | 206.000.000 |
| Impôt de 20 livres par clocher | 49.000.000 |
| Contribution du ban et de l'arrière-ban. | 11.000.000 |
| Décimes | 189.000.000 |
| Fouages ou dons gratuits par fouages | 69.000.000 |
| Total | 524.000.000 |

(1) Le domaine comprend, d'après Froumenteau, les recettes suivantes : cens, péages, herbes des prez, greffes, sceaux, francs-fiefs, tabellionnages, amendes, aubaine, succession des bâtards, revenus des châtellenies et prévôtés, confiscations extraordinaires, monnaie, dons gratuits et autres parts...

(2) Nous répétons qu'à moins d'indication contraire, les sommes des budgets, jusqu'en 1789, sont exprimées en livres tournois.

### 3. *Impôts indirects.*

| | | |
|---|---|---:|
| Aides. . . . . . . . . . . . . . . . . . . . . . . : | lt. | 79.000.000 |
| Douanes de Lyon . . . . . . . . . . . . . . . . . | | 22.000.000 |
| Traite foraine et haut-passage . . . . . . . . . . . | | 49.000.000 |
| Gabelles . . . . . . . . . . . . . . . . . . . . | | 148.000.000 |
| Impôt sur l'entrée des vins. . . . . . . . . . . . | | 28.000.000 |
| Traites des bleds et vins. . . . . . . . . . . . . | | 10.000.000 |
| Subside des procès . . . . . . . . . . . . . . . | | 9.000.000 |
| Total. . . . . . . . . . . . . | | 345.000.000 |

### 4. *Recettes diverses.*

Ventes de biens ecclésiastiques. . . . . . . . . . lt. \
Argenteries, joyaux, biens sur les églises . . . . . \
Biens meubles de ceux de la religion réformée. . .    67.500.000 \
Biens inopinés . . . . . . . . . . . . . . . . . \
Nouvelle subvention, etc. . . . . . . . . . . . . /

Total des recettes ordinaires . . lt.    1.141.200.000

## B. — Recettes extraordinaires

### 1. *Emprunts et ressources extraordinaires.*

| | | |
|---|---|---:|
| Emprunts généraux et particuliers . . . . . . . | lt. | 58.000.000 |
| Gros emprunts . . . . . . . . . . . . . . . . . | | 70.000.000 |
| Aliénations du domaine . . . . . . . . . . . . . | | 6.300.000 |
|    —    des aides. . . . . . . . . . . . . . | | 6.500.000 |
| Total. . . . . . . . . . . . | | 140.800.000 |

### 2. *Offices* (1).

| | | |
|---|---|---:|
| Parties casuelles (création et remplac. d'offices) . | lt. | 139.000.000 |
| Confirmation d'offices. . . . . . . . . . . . . . | | 18.000.000 |
| Augmentation des gages d'officiers . . . . . . . . | | 14.000.000 |
| Total. . . . . . . . . . . . | | 171.000.000 |
| Total des recettes extraordinaires. . . . | | 311.800.000 |

(1) Nous rangeons dans une catégorie un peu spéciale ce qui est
relatif aux offices; car les ventes, aliénations, créations, suppres-

On a donc, en réunissant :

| | | |
|---|---|---|
| Domaine . . . . . . . . . . . . . . | lt. | 204.700.000 |
| Impôts directs . . . . . . . . . . . | | 524.000.000 |
| Impôts indirects. . . . . . . . . . . | | 345.000.000 |
| Divers . . . . . . . . . . . . . . | | 67.500.000 |
| Extraordinaires . . . . . . . . . . . | | 311 800.000 |
| Total . . . . . . . | | 1 453.000 000 |

Et on a, approximativement pour les recettes, la moyenne annuelle suivante :

| | | |
|---|---|---|
| Recettes ordinaires : | | |
| Domaine (1). . . . . . . . | lt. | 6.020.000 |
| Impôts directs. . . . . . . . | | 15.400.000 |
| Impôts indirects. . . . . . . | | 10.140.000 |
| Divers . . . . . . . . . . . | | 2.010.000 |
| Recettes extraordinaires . . . . . . . | | 9.170.000 |
| Total . . . . . . . | | 42.740.000 |

Tel est, approximativement, le budget moyen des recettes.

sions d'offices ont tantôt le caractère d'un emprunt pur et simple, tantôt le caractère d'un emprunt mêlé d'impôt. Elles ont le caractère d'emprunt pur et simple quand l'acheteur de l'office ne perçoit point de taxes sur le public et reçoit des gages du gouvernement. Elles ont le caractère d'emprunt mêlé d'impôt quand l'acheteur de l'office perçoit des taxes sur le public. Dans ce dernier cas, il y a impôt, puisque le gouvernement autorise une perception obligatoire, et il y a emprunt puisqu'il aliène le produit de cette perception.

(1) Le domaine, on le sait, comprend des produits absolument étrangers au domaine envisagé dans nos budgets modernes; nous aurions voulu les en faire sortir pour n'y laisser que ce qui correspond à notre conception actuelle; malheureusement, il y a un chiffre global de 79.400.000 (v. p. 48) qui ne permet pas de savoir pour combien figurent les divers éléments. En tout cas, nous continuerons durant tout l'ancien régime à faire figurer dans les produits du domaine les différents droits sur la vie civile et sur les actes, de façon à rendre comparables entre eux l'ensemble des produits groupés sous le nom de *domaine* et à en montrer l'évolution.

### § 2. — *Les dépenses.*

Puisque le trésor était vide, il va de soi que toutes les sommes levées avaient été dépensées. Or, Froumenteau nous apprend qu'en réalité, seulement 927.206 livres avaient servi à acquitter les dépenses du gouvernement royal. Le reste fut dilapidé « détourné, volé par des serviteurs infidèles de la royauté ».

Froumenteau nous fournit une nomenclature extrêmement développée des dépenses, mais sans ordre, sans coordination. L'extrême dispersion, la pulvérisation de ces dépenses, trop minutieusement détaillées et, par suite, la méconnaissance où nous sommes, malgré le titre indiqué, de leur destination générale, nous empêche d'opérer le même travail que pour les recettes, c'est-à-dire de les classer sous des rubriques générales.

Tout au plus, avons-nous pu séparer approximativement la somme des dépenses qui correspondait à la liste civile; nous ne la croyons pas inférieure à 190 millions pour les 34 ans envisagés.

Voici, par suite, comment nous croyons pouvoir distribuer le budget des dépenses :

| | | |
|---|---|---:|
| Liste civile . . . . . . . . . . . . | lt. | 190.000.000 |
| Autres dépenses et charges (1) . . . . | | 737.206.000 |
| Sommes détournées. . . . . . . . . | | 525.794.000 |
| Total . . . . . . . . | | 1.453 000.000 |

(1) On range sous le nom de *charges* un ensemble de dépenses fixes, parmi lesquelles figurent les arrérages des rentes perpétuelles et viagères, les gages des offices et un certain nombre d'autres dépenses fixes. Elles correspondent approximativement à notre dette publique. Ces sommes sont directement assignées sur les recettes.

Ce qui correspond à la moyenne annuelle suivante :

| | | |
|---|---|---:|
| Liste civile . . . . . . . . . . . | lt. | 5.558.000 |
| Autres dépenses et charges. . . . . . | | 21.712.000 |
| Sommes détournées (1) . . . . . . . | | 15.470.000 |
| Total . . . . . . . | | 42.740.000 |

## § 3. — *Budget total* (2) *en monnaie actuelle.*

Il nous reste à balancer le budget des dépenses et celui des recettes, et à opérer leur évaluation en monnaie moderne.

Nous allons, comme valeur de la livre, prendre la valeur moyenne de 1547 à 1580 :

(1) Les dilapidations atteignent 15 millions ½ ; les dépenses de cour, 5 millions ½ ; ceci ne nous indique pas même le total des dépenses inutiles et des gaspillages, puisque, dans le total 21.712.000, il en existe certainement encore.Mais c'est suffisant pour nous donner une idée de l'administration lamentable des intérêts publics dans cette période, des malversations et dilapidations scandaleuses d'une oligarchie prospérant dans le sein de la monarchie de jour en jour plus absolue ; c'est l'époque des partisans, des mignons, du luxe effréné et débordant ; c'est le moment des guerres de religion implacablement entretenues par l'ambition d'une reine égoïste et par l'esprit avide des seigneurs. Les dépenses manifestent bien cet état de choses, et il est vrai de répéter que les finances réflètent l'état matériel et même moral d'un peuple.

(2) Bien que le seul objet de cette étude soit le budget royal, nous devons faire remarquer qu'outre les sommes levées au nom du roi, outre l'innombrable liste des corvées en nature et des redevances dues aux seigneurs laïques et ecclésiastiques, les contribuables avaient encore à supporter :

1° L'impôt levé par les gouverneurs de province en leur nom ;

2° L'impôt levé au nom de la Réforme sur les protestants ;

3° L'impôt levé au nom de la Ligue.

Les quelques provinces, pays d'Etat, avaient, en outre, à supporter les dépenses locales ; en outre, les villes et communautés d'habitants avaient également leur budget.

Valeur intrinsèque moyenne = 3,14.
Pouvoir moyen de l'argent = 2,5.
Valeur extrinsèque = 7,85.

On a donc :

. RECETTES

| | | |
|---|---|---|
| Domaine. . . . . . . . . . . . . . fr. | 47.237.000 |
| Impôts directs . . . . . . . . . . . | 120.890.000 |
| Impôts indirects . . . . . . . . . . | 79.599.000 |
| Divers . . . . . . . . . . . . . . . | 15.778.500 |
| Extraordinaires . . . . . . . . . . | 71.984.500 |
| Total des recettes. . . . . | 335.509.000 |

DÉPENSES

| | |
|---|---|
| Liste civile . . . . . . . . . . . . . | 43.630.300 |
| Autres dépenses et charges. . . . . . | 170.439 200 |
| Sommes détournées. . . . . . . . . | 121.439.500 |
| Total des dépenses. . . . | 335.509.000 |

SECTION TROISIÈME. — **Considérations générales.**

Le dernier budget que nous avons quitté, le budget de Philippe le Bel, s'élevait à 73.710.000, ou, en chiffres ronds, à 74.000.000.

Moins de deux siècles plus tard, nous sommes à 336.000.000, c'est-à-dire à un total cinq fois plus considérable. La progression que nous avons constatée, de Philippe Auguste à Philippe le Bel, a donc continué.

La défaite progressive de la féodalité politique, le développement du pouvoir central aux dépens des pouvoirs locaux, provinces et seigneuries, en d'autres termes, un double mouvement d'unification et de centralisation, voilà ce qu'accuse l'accroissement budgétaire. Aux xii<sup>e</sup> et xIII<sup>e</sup> siècles, le roi, placé au centre de l'anarchie féodale, ressemblait à un embryon noyé au milieu de matières inorganisées. Cet embryon s'est singulièrement développé en absorbant les matières environnantes. Devenant plus fort, il devait devenir plus actif; l'activité est, en effet, la manifestation de la force, l'affirmation de la vitalité. Les deux mouvements d'unification et de centralisation sont solidaires. Ils expliquent en partie l'accroissement budgétaire.

Il ne faudrait cependant pas prendre les chiffres dans leur sens absolu et conclure que le pouvoir royal rend, au XVI<sup>e</sup> siècle cinq fois plus de services qu'au commencement du XIV<sup>e</sup>. Mettons d'abord à part l'augmentation du territoire soumis au roi de France. Ensuite, dans le total des dépenses, figurent plus de 120 millions détournés, dilapidés, et, par suite, perdus pour l'Etat et ne répondant pas à un accroissement de l'activité sociale de celui-ci. Mais, même en tenant compte de ce fait, il n'en reste pas moins certain que les dépenses sociales de l'Etat ont plus que doublé depuis Philippe le Bel. Les attributions du pouvoir royal se sont donc multipliées.

Si nous comparons la distribution des recettes dans les budgets du XVI<sup>e</sup> siècle et de la féodalité, un phénomène retient particulièrement notre attention. Avec Philippe le Bel, les recettes domaniales atteignaient à peu près la moitié des recettes. Au XVI<sup>e</sup> siècle, le domaine ne four-

(1) En conservant aux chiffres leur sens absolu, les produits domaniaux ont augmenté, pusqu'ils ont passé de 33 millions à 48, et cela malgré les engagements et les aliénations. Ceci prouve que le domaine s'est considérablement accru (par guerres, mariages, ventes, pariages, et aussi par suite de la théorie du sacro-saint mariage du roi avec sa couronne).

nit plus que le septième de l'ensemble du budget. L'impôt est devenu la source régulière, normale, de beaucoup prépondérante, des recettes royales.

L'avantage immense des revenus compris dans le domaine est leur facile perceptibilité. Ils rentrent dans la norme du pouvoir royal et seigneurial; ils revêtent le caractère même des redevances annuelles qui constituent le domaine corporel. Par une sorte de contrat tacite, ils sont dus indépendamment de tout consentement de ceux qui les payent. La coutume en rend la levée incontestablement légitime et personne ne peut même songer à protester contre eux; mais, par contre, ils ont le grand inconvénient d'être fixes, de manquer d'élasticité et de souplesse.

Voilà les raisons qui expliquent pourquoi la monarchie féodale, affaiblie par les multiples puissances qui, autour d'elle, la pressent et la limitent, ne connaît guère que les redevances domaniales. Mais le manque d'élasticité se fait sentir; le pouvoir se fortifie, s'agrandit, et doit faire face à de nouvelles charges. Il faut faire appel aux ressources extraordinaires, demandant, pour être perçues, le consentement des contribuables. Pendant que l'autorité n'est pas absolue, ces impôts restent forcément limités; la nécessité du vote préalable les empêche de trop rapidement s'étendre et se multiplier.

Lorsque le pouvoir sera devenu assez fort et assez âpre pour ne plus redouter de lutte, pour briser tous les obstacles intérieurs, l'impôt grandira suivant les besoins plus ou moins légitimes de ce pouvoir et sans autres limites que la satisfaction de ces besoins et l'épuisement des contribuables.

La prédominance considérable des impôts dans les budgets du xvi⁰ siècle est un indice certain de l'évolution monarchique vers la centralisation et vers l'absolutisme; la prépondérance même de l'impôt direct est une confirmation de cette tendance, car l'impôt direct est un instrument particulièrement efficace d'unification, entre les mains d'un pouvoir fort.

L'impression qui se dégage, en résumé, de ces budgets, c'est que nous sommes à la veille de la monarchie absolue (1), si nous n'y sommes pas déjà.

(1) Il n'est pas, jusqu'aux dilapidations et aux gaspillages, qui ne soient une nouvelle preuve. Seul un pouvoir absolu peut se les permettre sans soulever des protestations suivies d'effets. Cela démontre que, sous l'ancien régime, les obstacles à l'absolutisme se rencontrèrent plutôt dans les Etats provinciaux, que dans les Etats généraux. Du jour où il disparurent (à dater de Charles VII), la royauté fut bien près de cet absolutisme (ils ne disparurent pas partout, puisqu'ils subsistèrent dans les pays d'Etat, mais ceux-ci étaient trop dispersés et trop peu nombreux pour s'opposer à la volonté royale, qui restait libre dans la plus grande partie du territoire).

# CHAPITRE III

## Les Budgets de Henri IV à la Révolution.

Nous entrons dans les finances de la monarchie absolue. Il y aura encore, il est vrai, les Etats généraux de 1614; mais ils ne sont qu'un accident sans importance. La plénitude du pouvoir est définitivement concentrée entre les mains du roi et de ses ministres.

Nous suivrons cette monarchie depuis Henri IV jusqu'à sa chute, et nous reconstituerons les budgets d'années, qu'à dessein nous choisirons normales et pacifiques; leur comparabilité en sera d'autant accrue (1).

(1) La principale source de nos renseignements dans ce chapitre sera l'*Histoire de l'impôt*, de Clamageran, t. II (331-697) et t. III (en entier). Les résultats de celui-ci ne sont pas réunis en budgets; ils sont souvent épars et disséminés comme il convient à une étude qui a pour objet l'histoire générale des impôts et non spécialement la reconstitution des budgets; mais, en tout cas, ils sont appuyés par des documents officiels et sérieux, consultés aux Archives nationales (manuscrits, états au vrai) et corroborés par les chroniques, mémoires de l'époque; ils méritent toute confiance. Pour n'avoir pas à fournir des annotations continuelles, nous nous contenterons d'indiquer au commencement de chaque section la partie de l'ouvrage dans laquelle nous avons rassemblé nos données.

Section Première. — Budget de 1609 (1).

§ 1. — Recettes.

| | | |
|---|---:|---:|
| Impôts directs. . . . . . . . . . . . . . . . . . lt. | | 17.360.902 |
| Taille et crue. . . . . . . . . . . . | 14.295.679 | |
| Taillon. . . . . . . . . . . . . . | 1.530.000 | |
| Fouage de Languedoc . . . . . . . | 150.000 | |
| Décimes ecclésiastiques (2). . . . . | 1.385 223 | |
| Impôts indirects. . . . . . . . . . . . . . . . | | 11.275.891 |
| Gabelles et autres revenus tirés du sel. | 6.044.945 | |
| Aides. . . . . . . . . . . . . . . | 2.010 000 | |
| Droits divers sur les boissons, non compris dans les aides. . . . . . | 1.086.950 | |
| Traites, douanes et péages . . . . . | 1.802.996 | |
| Police des draps, droits sur les cartes et taxes diverses. . . . . . . . | 331.000 | |
| Total des impôts de consomm. | 11.275.891 | |
| Parties casuelles (3). . . . . . . . . . . . . . | | 2.263.751 |
| Divers . . . . . : . . . . . . . . . . . . . . | | 60 166 |
| Domaine et bois (4) . . . . . . . . . . . . . . | | 311.275 |
| Total des recettes ordinaires . . . . | | 31.271.985 |

(1) Clamageran, *op. cit.*, t. 11, liv. 3, ch. I, pp. 331-398. Nous avons également consulté Forbonnais, *Recherches et considérations sur les finances de la France, depuis 1595 jusqu'à 1721* (comptes de l'épargne de l'année 1609), t. I, pp. 109 et suiv. Mallet, *comptes rendus de l'Administration des finances* (année 1609), pp. 50 et suiv.

(2) Le chiffre des décimes est extrêmement faible comparé à ce qu'il était entre 1547 et 1580. Il ne faut pas oublier que les guerres de religion étant terminées, le clergé n'a pas à fournir des subsides pour alimenter ces guerres.

(3) Dans ces parties casuelles, ressources périodiques et irrégulières, provenant surtout des ventes d'offices, figure, à partir de 1605 (mais confondu), le produit de la paulette (ressource régulière et normale).

(4) On peut s'étonner de voir les produits du domaine si réduits.

Pour les deniers extraordinaires, ils s'élèvent en apparence à 14.564.000. Et il semble qu'il faut les ajouter aux recettes ordinaires pour avoir le budget total.

En réalité, quand on y regarde de près, il faut omettre ces deniers extraordinaires, du moins pour la plus grosse part. On inscrivait chaque année, en effet, au compte de la recette, à titre de deniers extraordinaires, les reliquats des années précédentes, c'est-à-dire tous les excédents de recettes que le bon ordre des finances avait permis de réaliser; on les inscrivait également en dépenses, et le budget était, à tort, gonflé de sommes qui, en réalité, n'étaient ni levées, ni dépensées, et qui formaient la réserve laissée par Henri IV à la régence. Nous laisserons de côté ces recettes et ces dépenses factices, et nous ne comprendrons dans les budgets que 673.377 livres de ressources extraordinaires, provenant d'emprunts, restitutions et surtout des reventes de biens domaniaux.

Par contre, et pour la raison indiquée (p. 76, note 4), nous y ferons rentrer 3 millions de revenus domaniaux qui en sont exclus, et on a pour les recettes :

C'est la conséquence des engagements, des aliénations énormes faites par Henri III et ses prédécesseurs qui avaient réduit le domaine corporel à peu près à néant. Sully, il est vrai, poursuivit le rachat de ce domaine, mais voici par quel procédé. Les aliénations furent (pour partie) annulées avec charge de remboursement de la part de l'État. Des spéculateurs se chargèrent de ce remboursement moyennant concession des parties aliénées. A la fin de 1609, ils offrirent 12 millions payables en trois ans pour une prorogation de la concession pendant quatre ans. Naturellement, ce procédé ingénieux ne laisse pas de trace au budget. Nous croyons cependant devoir y faire figurer ces sommes. Tout se passe en effet comme si le produit d'un emprunt à annuités terminables était assigné sur les produits domaniaux.

Impôts directs. . . . . . . . . . . . lt.  17.360.902
Impôts indirects. . . . . . . . . . .  11.275.891
Domaine . . . . . . . . . . . . . . .  3.311.275
Divers . . . . . . . . . . . . . . .  60.166
Parties casuelles et ressources extraord..  2.937.128

Total . . . . . . . .  34.945.362

## § 2. — *Dépenses.*

Les dépenses se divisent en trois parties : dépenses extraordinaires, dépenses ordinaires proprement dites, et charges (dépenses assignées directement sur les impôts). A ces dernières, nous ajouterons les 3 millions payés directement par les concessionnaires pour rachat de celui-ci :

Charges. . . . . . . . . . . . . . . . . . lt.  14.715.000

Dépenses ordinaires proprement dites (16.500.000) :

    Liste civile . . . . . . . . . . . . . . . . . .  8.333.926

        Cour . . . . . . . . . . .  2.293.692
        Pensions . . . . . . . . .  2.056.886
        Dons . . . . . . . . . . .  1.684.522
        Comptant . . . . . . . . .  2.299.226

    Ponts et chaussées . . . . . . . . . .  1.149 151
    Bâtiments . . . . . . . . . . . . . . .  633.298
    Voyages et ambassades . . . . . . . .  439.359
    Guerre . . . . . . . . . . . . . . . .  4.118.186
    Marine . . . . . . . . . . . . . . . .  465.175
    Divers . . . . . . . . . . . . . . . .  1.340.605

Dépenses extraordinaires . . . . . . . . . .  1.500.000

Total . . . . . . . . . . .  32.715.000

### § 3. — *Budget total en monnaie moderne.*

Valeur intrinsèque de la livre tournois = 2,92.
Pouvoir de l'argent = 2,35 à 2,40.
Valeur extrinsèque de la livre tournois = 7 fr. approximativement.

On a :

RECETTES

| | |
|---|---:|
| Impôts directs . . . . . . . . . . . . . . . . . . . . fr. | 121 526 314 |
| Impôts indirects . . . . . . . . . . . . . . . . . . . | 78.931.237 |
| Domaine . . . . . . . . . . . . . . . . . . . . . . . . | 23.178.925 |
| Divers . . . . . . . . . . . . . . . . . . . . . . . . | 421.162 |
| Parties casuelles et extraordinaires . . . . . . . . . | 20.559.896 |
| Total . . . . . . . . . . . . . . | 244 617.534 |

DÉPENSES

| | |
|---|---:|
| Charges . . . . . . . . . . . . . . . . . . . . . . . . | 103.005.000 |
| Liste civile . . . . . . . . . . . . . . . . . . . . . | 58.337.482 |
| Ponts et chaussées . . . . . . . . . . . . . . . . . . | 8.044.057 |
| Bâtiments . . . . . . . . . . . . . . . . . . . . . . . | 4 433.026 |
| Voyages et ambassades . . . . . . . . . . . . . . . . . | 3.215.513 |
| Guerre . . . . . . . . . . . . . . . . . . . . . . . . | 28.827.302 |
| Marine . . . . . . . . . . . . . . . . . . . . . . . . | 3.256.225 |
| Dépenses diverses . . . . . . . . . . . . . . . . . . . | 9.384.235 |
| Dépenses extraordinaires . . . . . . . . . . . . . . . | 10.500.000 |
| Total . . . . . . . . . . . . | 229.005.000 |
| Excédent des recettes (1) . . . . . . | 15.612.534 |

(1) Ces sommes servaient à constituer le trésor d'épargne qui, à
la mort de Henri IV, devait atteindre une centaine de millions au
minimum. De plus, outre les rachats nombreux des biens domaniaux, Sully réduisit la dette de l'Etat de 296 millions à 196 millions, par des vérifications et des remboursements ; il allégea le budget, de la sorte, de près de 9 millions de charges annuelles.

Le total des dépenses est très inférieur à ce qu'il était en 1580.

### Section Deuxième. — **Budget de 1640** (1).

Deux raisons nous portent à étudier le budget de l'année 1640; et d'abord les documents, les renseignements sont plus abondants que pour toute autre année. Ensuite, placée à la fin de la carrière de Richelieu, elle nous permettra de constater les résultats financiers de la politique de ce ministre. Nous pourrons voir ainsi ce que coûtent à un peuple les visées ambitieuses d'une politique de conquête, même lorsqu'elles sont heureuses.

### § 1. — *Recettes ordinaires.*

Un état des finances de 1640, cité par Clamageran, et corroboré par un certain nombre d'autres sources, nous donne la distribution suivante des recettes pour 1640 :

| | | |
|---|---:|---:|
| Impôts directs. . . . . . . . . . . lt. | | 45.050.000 |
| Taille et accessoires. . | 43.750.000 | |
| Décimes . . . . . . . | 1.300.000 | |
| Impôts indirects . . . . . . . . . | | 32.000.000 |
| Revenus casuels (2) . . . . . . . . . | | 2.000.000 |
| Revenus domaniaux. . . . . . . . . | | 1.160.000 |
| Total. . . . . . . . | | 80.210.000 |

Ce serait une étrange erreur d'en conclure à une diminution des attributions de l'Etat. La suppression du gaspillage est la seule cause de la réduction budgétaire; mais, à coup sûr, les dépenses utiles ont augmenté et l'étatisme s'est encore accentué. Le pouvoir central assure plus de services tout en dépensant moins.

(1) Les sources dont nous nous sommes servi pour cette section sont: Clamageran, *op. cit.*, t. II, liv. 3, ch. V, pp. 462-536. Forbonnais, *op. cit.*, pp. 242 et suiv. Mallet, *op. cit.*, pp. 223-225.

(2) Les revenus casuels indiqués ici comprennent seulement ceux qui sont réguliers, ordinaires: nous voulons dire le droit annuel et

## § 2. — *Dépenses.*

Les charges (1) s'élèvent à 46.819.000. Nous n'avons pas le chiffre exact des dépenses proprement dites; nous les savons seulement comprises entre 60 et 65 millions *in globo* (moyenne globale des deux années précédentes et des deux années suivantes). Pour avoir un chiffre rond, les dépenses (dont le détail nous manque) peuvent ainsi s'établir :

| | | |
|---|---|---|
| Charges . . . . . . . . | lt. | 46.819 000 |
| Dépenses ordinaires. . . . | | 42.500.000 |
| Dépenses extraordinaires. . | | 20.681.000 |
| Total . . . . . . . . | | 110.000.000 |

## § 3. — *Budget total en monnaie actuelle.*

Valeur intrinsèque de la livre tournois = 2,02.
Pouvoir de l'argent = 2.
Valeur extrinsèque = 4,04.

RECETTES

| | | |
|---|---|---|
| Impôts directs . . . . . . . . . . | fr. | 190 082.000 |
| Impôts indirects. . . . . . . . . . . | | 129.280.000 |
| Domaine (2). . . . . . . . . . . . . | | 4.686.400 |
| Emprunts (sous toutes formes) . . . . . | | 120.351.600 |
| Total . . . . . . . . . | | 444.400.000 |

la taxe des maîtrises (deux taxes directes frappant, l'une les offices (paulette), l'autre (beaucoup moins considérable), les maîtrises). Nous les rangeons dans les impôts directs.

(1) Comme nous l'avons dit plus haut (p. 69), les charges comprennent un ensemble de dépenses fixes, directement assignées sur les recettes et correspondant approximativement aux arrérages de la dette publique actuelle.

(2) Les aliénations domaniales ont été, on le voit, considérables.

DÉPENSES (1)

| | |
|---|---:|
| Charges. . . . . . . . . . . . . . . . . | 189.148.760 |
| Dépenses ordinaires. . . . . . . . . . . | 171.700.000 |
| Dépenses extraordinaires. . . . . . . . | 83.551.240 |
| Total. . . . . . . . | 444.400.000 |

Les budgets ne se bouclent, on le voit, que par l'emprunt; il n'en pouvait aller autrement. La politique avantageuse et glorieuse poursuivie par Richelieu, assurait au trône plus de force et plus de prestige, à la France, une plus grande place dans le monde; mais toute médaille a son revers : elle compromettait gravement les budgets et nécessitait de formidables emprunts.

Section Troisième. — Budget de 1683.

Nous avons déjà eu beaucoup de difficultés à établir le budget de 1640, à réunir les renseignements épars et disséminés qui nous ont servi à cette reconstitution; ces difficultés deviennent inextricables avec les finances de Mazarin. Le désordre est tel, que toute appréciation d'ensemble est impossible. Nous tenons seulement à

(1) L'augmentation considérable des charges prouve que la dette publique (par suite des emprunts en rentes ou sous forme de créations d'offices nécessitant des gages) s'est considérablement accrue. Nous regrettons de ne pouvoir donner la contexture des dépenses. La faute en est aux sources qui ne donnent que des évaluations globales.

Bailly (*Histoire Financière*, t. I, pp. 340 et suiv.) cite des chiffres de dépenses plus élevés. Il a suivi les chiffres de Mallet qui donne comme total des dépenses et charges 130 à 140 millions de livres; mais il comprend une masse considérable de remboursements qui ne sont pas de vraies dépenses (on emprunte d'une main pour rembourser de l'autre).

signaler l'accroissement considérable des impôts indirects. Ceci suffit à prouver quelles réserves mérite cet aphorisme financier : « L'accroissement des revenus indirects est un signe de la prospérité publique. » La France, avec Mazarin, venait d'atteindre un état d'épuisement et de misère rappelant les sombres époques de la guerre de Cent ans (1).

Il faut arriver à Colbert pour voir le désordre prendre fin. Des comptes financiers clairs, nets et complets, tenus à jour, contrôlés et réglés à des périodes déterminées, clos peu après la fin de l'exercice, permettent de dresser le budget de l'exercice 1683 avec une approximation sufisante. L'année 1683 nous semble particulièrement propre à montrer les résultats de la sage administration de Colbert (2).

### § 1. — Recettes.

| | | |
|---|---:|---:|
| Impôts directs. | lt. | 45.346.000 |
|     Taille et accessoires. | 40.525.000 | |
|     Décimes ecclésiastiques | 1.300.000 | |
|     Revenus casuels. | 3.521.000 | |
| *A reporter* | | 45.346.000 |

(1) V. Clamageran, *op. cit.*, t. II, liv. 4, ch. I, pp. 590-598. Clamageran évalue que la population décimée par la misère et les guerres avait diminué de 3 millions depuis le commencement du règne.

(2) Nous nous sommes servi, pour l'étude des budgets de 1683, de : Clamageran, *op. cit.*, t. II, liv. 4, ch. II, pp. 599-697. Bailly, *op. cit.*, t. I, pp. 419 et suiv. Forbonnais, *op. cit.*, t. I, pp. 328 et suiv., et aussi 285, 405, 316, 318.

Les sources de Clamageran sont ici particulièrement abondantes; elles se contrôlent réciproquement.

|  |  |  |  |
|---|---|---|---|
| *Report* . . . . . lt. | | | 45.346.000 |
| Impôts indirects (1) . . . . . . . . . . . . . . . . . . . | | | 59.097.000 |
| Gabelle. . . . . . . . . . . . | | 23.855.000 | |
| Aides. . . . . . . . . . . . . | | 22.012.000 | |
| Traites et douanes et autres droits compris dans les cinq grosses fermes.. . . . . . . . . . . . | | 11.830.000 | |
| Postes . . . . . . . . . . . . | | 1.400.000 | |
| Domaines et bois . . . . . . . . . . . . . . . . | | | 6 970.900 |
| Dons gratuits des pays d'Etat. . . . . . . . . . . | | | 7.932.000 |
| Recettes extraordinaires (emprunts) . . . . . . . . | | | 4.816.000 |
| Total. . . . . . . . . . . | | | 121.161.000 |

## § 2. — Dépenses.

|  |  |  |
|---|---|---|
| Charges . . . . . . . . . . . . . . . . . . . . . . . | | 22.345.000 |
| Dépenses ordinaires. . . . . . . . . . . . . . . . . . | | 97.435.000 |
| Liste civile :  Maisons royales . . | 9.782.000 | |
| Comptant. . . . . | 7.221.000 | |
| Bâtiments. . . . . . . . . . . | 8.871.000 | |
| Guerre et marine . . . . . . . . | 65.290.000 | |
| Divers (dons, ambassades). . . . | 6.271.000 | |
| Dépenses extraordinaires . . . . . . . . . . . . . | | 1.381.000 |
| Total. . . . . . . . . . . | | 121.161.000 |

(1) Parmi les revenus compris dans les cinq grosses fermes figurent ceux du tabac pour environ 500.000 livres. Nous les rangeons dans les impôts indirects, ainsi que le produit des postes. Avec le système de la ferme, ils sont comptés dans le budget dans la mesure où ils sont de véritables taxes. Les frais d'exploitation et les bénéfices (plus que légitimés) sont exclus. (Ils ne sont pas, en effet, des impôts dans la proportion correspondant aux frais d'exploitation et aux bénéfices légitimes, normaux.)

Les recettes des postes, il est vrai, furent classées parmi les produits domaniaux, mais cela dura peu, et bien vite elles furent éliminées. Pour laisser les produits domaniaux comparables entre eux, nous les classons toujours avec les taxes indirectes.

(2) Bien que rangés parmi les ressources extraordinaires, les dons gratuits étaient, en fait, des éléments habituels des budgets; ce

### § 3. — *Budget total en monnaie actuelle.*

Valeur intrinsèque de la livre tournois = 1,88.
Pouvoir de l'argent = 2.
Valeur extrinsèque = 3,76.

RECETTES

|  |  |  |
|---|---|---|
| Impôts directs | fr. | 170 500.960 |
| Impôts indirects | | 222.204 720 |
| Domaine | | 26 207 200 |
| Dons gratuits des pays d'État | | 29.824.320 |
| Recettes extraordinaires (1) | | 6.828.160 |
| Total | | 455.565.360 |

sont des recettes normales. Nous ne pouvons les ranger ni parmi les impôts directs, ni parmi les impôts indirects, parce qu'ils étaient perçus tantôt sous forme directe, tantôt sous forme indirecte. En Languedoc, par exemple, l'équivalent fournissait le tiers de la somme requise. Le reste était perçu par fouages. En Bretagne, la proportion était renversée. Le grand devoir (taxe sur les boissons) fournissait les deux tiers et les fouages le tiers.

(1) Parmi les recettes extraordinaires figuraient des sommes beaucoup plus considérables destinées à faire face aux remboursements. Nous n'avons pas cru devoir retenir ces sommes dans le total du budget ; elles ne constituent pas, en effet, une charge pour le contribuable. Tout au plus pourrait-on les ranger parmi les *recettes d'ordre.* La même observation s'applique aux dépenses corrélatives des remboursements ; nous ne les avons pas mentionnées pour la même raison. Ces recettes et les dépenses s'élevaient, en 1683, à 61.351.920 francs. Le but de ces opérations était l'allégement des charges. On empruntait à un taux moins élevé pour rembourser des dettes à un taux plus fort ; de la sorte, on arrivait *au résultat des conversions sans convertir.* Par ces remboursements effectués sur fonds d'emprunts, Colbert diminua de 8 millions de livres les arrérages des rentes dus par l'État.

DÉPENSES

Charges. . . . . . . . . . . . . . . . . . . 84.017.200
Dépenses ordinaires proprement dites. . . . . . . . 366.355.600
    Liste civile :  Maisons royales . .   36.780.320
                Comptant . . . . .   27.150.960
    Bâtiments . .   . . . . . . . . 33.354.960
    Guerre et marine. . . . . . . . 245.490.400
    Divers . . . . . . . . . . . . . 23.578.960
Dépenses extraordinaires (intér. d'avances et remises).   5.192.560
             Total. . . . . . . . . . . 455.565.360

Malgré les économies considérables réalisées depuis Richelieu, les budgets n'ont pas diminué. Il faut y voir une des conséquences mêmes de la politique mercantiliste, très interventioniste. Signalons l'accroissement des impôts indirects, dû pour une faible part au développement de la richesse publique (les aides surtout ont augmenté, marquant ainsi une plus forte consommation du vin) et surtout à l'augmentation et la multiplication des taxes. Les impôts directs sont des instruments puissants de centralisation, mais celle-ci effectuée, les impôts indirects offrent l'avantage, aujourd'hui fort contesté au point de vue de la justice, de passer inaperçus et, par suite, de rapporter davantage (1) au trésor, sans faire crier.

(1) A quels impôts d'ailleurs fallait-il s'adresser? Aux tailles; mais elles n'atteignaient pas même la moitié de la nation, et cette moitié, la plus pauvre, ployait déjà sous le poids. Le clergé ne voulait plus fournir de dons gratuits, de subventions, comme au temps des persécutions contre les hérétiques. Les villes se retranchaient derrière leurs privilèges. Restaient les taxes indirectes: c'était le seul moyen de faire contribuer dans une large mesure la noblesse, le clergé, les officiers du roi, les bourgeois des villes franches, tous

A remarquer également le relèvement des produits domaniaux : c'est le résultat des rachats que la politique d'économie a permis d'effectuer.

Section Quatrième. — **Budget de 1715** (1).

La régularité financière, qui nous a permis de rétablir avec une approximation très acceptable le budget de 1683, ne devait pas survivre à Colbert. A sa mort, le désordre s'introduit partout, jusque dans les registres des comptables, qui ne sont plus tenus à jour. Aussi, les finances de cette période sont-elles beaucoup plus difficiles à établir et à connaître; nous ne pouvons donc espérer, pour le budget de 1715, qu'une exactitude assez lointaine.

§ 1. — Recettes.

```
Impôts directs (2). . . . . . . . . . . . . .    lt.   97.199.000
    Taille. . . . . . . . . . . . . .     45.631.000
        Pays d'élection..  41 287 000
        Pays d'Etat. . .    4.344.000
    Capitation . . . . . . . . . . .       25.819.000
    Dixième . . . . . . . . . . .           24.049 000
    Revenus casuels. . . . . . . . .         1.700.000   _________
                            A reporter. . . .    97.199.000
```

les privilégiés en un mot. A ce point de vue, on peut dire sans paradoxe, que les impôts indirects étaient, à cette époque, les véritables impôts démocratiques, ou du moins les plus équitables. Après avoir été, sous la féodalité, la constatation même de l'inégalité sociale, les taxes indirectes tendent maintenant à la diminuer.

(1) Sources que nous avons consultées spécialement : Clamageran, *op. cit.*, t. III, liv. 1, ch. II, pp. 1-128. Forbonnais, *op. cit.*, t. II, *passim* et notes, pp. 112, 122, 139, 216, 349, 371, 378. Mallet, *op. cit.*, pp. 119-125. *Encyclopédie méthodique* (Finances), aux mots : Gabelles, Capitation, Tailles, Domaine, etc.

(2) Depuis longtemps le clergé ne paie plus de décimes qu'il a rachetés moyennant des dons gratuits extraordinaires; de même la

|  |  |
|---|---:|
| *Report.* . . . | 97.199.000 |
| Impôts indirects (1). . . . . . . . . . . . . . . . | 50.692.000 |
|     Gabelles, aides, douanes (fermes générales unies). . . . . . . . . . . . . 46.717.000 | |
|     Postes . . . . . . . . . . . . . . 3.100.000 | |
|     Tabacs . . . . . . . . . . . . . 1.875.000 | |
| Domaine . . . . . . . . . . . . . . . . . . . . . . | 11.434.000 |
|     Droits compris dans les fermes générales et particulières . . . . . . . . . 4.512.000 | |
|     Domaine de Flandre, de Longwy, et de Metz . . . . . . . . . 500.000 | |
|     Francs-fiefs et amortissements. . 723.000 | |
|     Contrôle . . . . . . . . . . . . 3.520.000 | |
|     Bois . . . . . . . . . . . . . . 2.179.000 | |
| Dons gratuits (pays d'Etat). . . . . . . . . . . . | 6.248.000 |
| Divers . . . . . . . . . . . . . . . . . . . . . . | 262.000 |
| Ressources extraord. (emprunts sous toutes ses formes). | 63.086.000 |
| Total. . . . . . . . . . . . | 228.921.000 |

capitation fut rachetée à perpétuité par le clergé moyennant 24 millions, c'est-à-dire vingt fois sa cote annuelle. Le dixième n'atteignit pas les biens ecclésiastiques, « biens consacrés à Dieu, donnés pour le culte divin, la nourriture des pauvres et leur subsistance ».

(1) Les impôts directs étaient affermés; il y avait, d'un côté les grandes fermes générales unies, comprenant les aides, gabelles, traites et domaine, et d'autre part, les fermes particulières. Nous n'avons pas le détail des fermes générales unies, mais seulement le total pour 1715. Pour dégager les produits domaniaux qui y sont compris, nous avons dû nous reporter aux années précédentes et en appliquer les chiffres à 1715. Nous avons pu d'autant mieux le faire, que le total était sensiblement voisin.

Nous avons extrait le reste des produits domaniaux des fermes particulières, dont nous avions le détail.

### § 2. — *Dépenses.*

| | | |
|---|---|---|
| Charges (y compris les diminutions) (1). . . . . . . . | | 96.097.000 |
| Dépenses proprement dites (2) . . . . . . . . . . . | | 132.824.000 |
| Liste civile : Maisons royales. . | 7.522.000 | |
| Comptant. . . . . | 22.000.000 | |
| Pensions . . . . . | 3.561.000 | |
| Guerre et marine . . . . . . . | 71.498.000 | |
| Bâtiments. . . . . . . . . . . | 2.939.000 | |
| Ponts et chaussées . . . . . . . | 274.000 | |
| Divers . . . . . . . . . . . . | 25.030.000 | |
| Total. . . . . . . . . . . | | 228.921.000 |

### § 3. — *Budget total en monnaie actuelle.*

Valeur intrinsèque de la livre tournois = 1,68.
Pouvoir de l'argent = 2.
Valeur extrinsèque = 3,36.

RECETTES

| | | |
|---|---|---|
| Impôts directs . . . . . . . . . . . . . . . . . . | fr. | 326.588.640 |
| Taille. . . . . . . . . . . . . . . | 153.320.160 | |
| Capitation . . . . . . . . . . . | 86.751.840 | |
| Dixième . . . . . . . . . . | 80.804.640 | |
| Revenus casuels. . . . . . . . . | 5.712.000 | |
| À reporter. . . . | | 326.588.640 |

(1) Les diminutions (remises, non-valeurs, etc.) avaient figuré jusqu'ici dans les dépenses proprement dites et pour des sommes inconnues, mais certainement peu élevées, notamment en 1683. En 1715, elles ne sont pas inférieures à 10 millions de livres, ce qui est un signe indéniable de la misère du temps.

(2) On peut s'étonner de ne pas voir figurer de dépenses extraordinaires. En réalité, elles existent et sont confondues avec les dépenses diverses ; mais elles sont peu importantes ; il ne faut pas oublier que la grande source de celles-ci, la guerre, est tarie. Nous avons également rejeté les dépenses (comme, d'ailleurs, les recettes extraordinaires) servant à opérer des remboursements alimentés par l'emprunt. Elles s'élèvent à 45 millions de francs environ.

|  | | Report. . . . | 326.588.640 |
|---|---|---|---|
| Impôts indirects. . . . . . . . . . . . . . . . . . . . | | | 170.325.120 |
| Domaine. . . . . . . . . . . . . . . . . . . . . . . . | | | 38 418.240 |
| Dons gratuits. . . . . . . . . . . . . . . . . . . . | | | 20.993.280 |
| Divers . . . . . . . . . . . . . . . . . . . . . . . . | | | 880.320 |
| Recettes extraordinaires (empr. sous toutes formes). | | | 211.968 960 |
| | | Total. . . . . . . . . . . . | 769.174.560 |

DÉPENSES

| | | | |
|---|---|---|---|
| Charges. . . . . . . . . . . . . . . . . . . . . . | | | 322,865.920 |
| Liste civile : | Maisons royales . . . . . . . . . . . . | | 25.274.920 |
| | Comptant du roi. . . . . . . . . . . | | 73.920.000 |
| | Pensions . . . . . . . . . . . . . . | | 11.964.960 |
| Guerre et marine . . . . . . . . . . . . . . . . . . | | | 240 233.280 |
| Bâtiments . . . . . . . . . . . . . . . . . . . . . | | | 9.875.040 |
| Ponts et chaussées . . . . . . . . . . . . . . . . | | | 920.640 |
| Divers . . . . . . . . . . . . . . . . . . . . . . . | | | 84.100.800 |
| | | Total. . . . . . . . . . . . | 769.174.560 |

Ce qui est particulièrement à remarquer dans ce budget (outre l'accroissement de son total), c'est la diminution de l'impôt indirect et la forte augmentation de l'impôt direct. L'impôt direct a passé de 170 millions à 325; l'impôt indirect a rétrogradé de 225 millions à 170.

La décadence de l'impôt indirect tient à deux causes principales. En premier lieu, on avait trop augmenté le nombre des taxes et exhaussé leur taux. On avait atteint le point où l'impôt se dévore lui-même. Pour obtenir des résultats plus fructueux, il eût fallu diminuer les taxes et les simplifier; celles-ci, pour être productives, doivent, en effet, être modérées et appropriées à l'état économique du pays. Enfin, la décimation de la population, son appauvrissement devaient amener une diminution de la consommation et, par suite, un abaissement du produit des impôts de consommation.

Et cependant, les dépenses se dressaient impérieuses et toujours plus vastes. Pour y faire face, on avait, certes, l'emprunt, et on ne se fit pas faute d'en user, puisque la dette devait atteindre en 1715 environ 9 milliards et demi de francs (1). Mais l'emprunt ne constitue qu'un palliatif; il fallait une source régulière : cette source fut l'impôt direct. On créa la capitation et le dixième. Le salut national fut assuré par ces nouveaux impôts directs. Ils se signalent par un caractère qui les différencie totalement de la taille : ils ne frappent pas seulement les non-privilégiés; en théorie, ils atteignent tout le monde, indistinctement et demandent à chacun, proportionnellement à ses facultés. Les circonstances étaient telles, la misère du peuple était si intense, que cette égalité devant ces impôts était la condition indispensable de leur productivité. Les événements, plus forts que la volonté du plus absolu des monarques, orientaient notre système contributif vers une répartition plus équitable. Le fait était assez nouveau pour mériter d'être signalé.

Chose en apparence curieuse et contradictoire, le produit du domaine a augmenté. C'est la conséquence même du développement des impôts sur les actes (insinuation, contrôle, franc-fief, etc...); les droits de mutation ne sont pas empêchés par la guerre et la misère; au contraire, les transferts de propriété, les spéculations, les procès en sont multipliés.

On pourrait croire que dans une situation financière aussi lamentable, les dépenses inutiles étaient, autant

(1) En 1683, elle atteignait à peine 1.850 millions.

que possible, diminuées. On voit qu'il n'en est rien : la liste civile atteint plus de 100 millions ! Le chiffre est assez éloquent par lui-même et n'a pas besoin d'être commenté.

Section Cinquième. — Budget de 1739.

Les liquidations successives, qui marquent les finances de la régence et des premières années de Louis XV, rendent impossible (et sans grande signification) l'étude des budgets de cette période. Il faut arriver à l'administration du cardinal Fleury et du contrôleur général Orry, pour donner un aperçu budgétaire à peu près complet. A dessein, nous choisissons l'année 1739, qui est une année de paix (1).

§ 1. — Recettes.

| | | |
|---|---:|---:|
| Impôts directs . . . . . . . . . . . . . . . . . . lt. | | 91.000.000 |
| Taille et capitation . . . . . . . | 89.000.000 | |
| Revenus casuels . . . . . . . . | 2.000.000 | |
| Impôts indirects . . . . . . . . . . . . . . . . . | | 86.000.000 |
| Postes . . , . . . . . . . | 4.550.000 | |
| Tabacs . . , . . . . . . . . . | 8.000.000 | |
| Autres droits . . . . . . . . . . | 73.450.000 | |
| Domaines (corporels et contrôle) . . . . . . . . . | | 19.433.000 |
| Dons gratuits (des pays d'Etat) . . . . . . . . . . | | 6.500.000 |
| Rentes assignées sur le clergé et payées par lui. . . | | 12.000.000 |
| Total . . . . . . . . . . . | | 214.933.000 |

(1) Les renseignements ont été empruntés à Clamageran, *op. cit.*, t. III, liv. 3, ch. I, pp. 237-242 à 289. Forbonnais, *op. cit.*, t. II, p. 643. Isambert, *Recueil d'anciennes lois françaises*, t. XXI. Bailly, *op. cit.*, t. II, pp. 118-120.

## § 2. — *Dépenses* (1).

| | | |
|---|---:|---:|
| Charges . . . . . . . . . . . . . . . . . . . . | | 82.129.000 |
|     Rentes perpétuelles. . . . . . . | 29.189.000 | |
|     Rentes viagères. . . . . . . . . | 25.760.000 | |
|     Non-valeurs, remises des impôts régis. . . . . . . . . . . . . | 3.500.000 | |
|     Gages . . . . . . . . . . . . . | 15.685.000 | |
|     Dividendes des actions de la Compagnie des Indes . . . . . . . | 8.000.000 | |
| Liste civile . . . . . . . . . . . . . . . . . . . | | 27.600.000 |
|     Entretien des maisons royales . . | 14.410.000 | |
|     Pensions aux princes et princesses. | 3.900.000 | |
|     Troupes de la maison du roi . . . | 9.290.000 | |
| Dépenses militaires . . . . . . . . . . . . . . | | 70.929.000 |
|     Marine et galères . . . . . . . . | 19.200.000 | |
|     Armée . . . . . . . . . . . . . | 51.729.000 | |
| Bâtiments du roi . . . . . . . . . . . . . . . | | 4.000.000 |
| Ponts et chaussées . . . . . . . . . . . . . . | | 3.800.000 |
| Affaires étrangères . . . . . . . . . . . . . . | | 3.850.000 |
| Police . . . . . . . . . . . . . . . . . . . . . | | 3.255.000 |
| Divers . . . . . . . . . . . . . . . . . . . . . | | 4.599.000 |
|         Total . . . . . . . . . | | 200.162.000 |

(1) Les sources que nous avions à notre disposition nous donnaient
en recettes à peu près les sommes globales que nous avons conservées
en leur faisant subir certaines corrections que nous avons jugées indispensables. Mais, par contre, les détails manquaient absolument.
Pour suppléer à ces lacunes, nous avons dû établir des comparaisons
avec les années environnantes et, par des calculs de proportion, donner au budget la contexture ci-dessus. Pour n'être pas rigoureusement
exacte, nous la croyons suffisamment rapprochée de la vérité pour
servir de base de comparaison.

Nous avons ramené, dans ce budget, les rentes directement payées
par le clergé et qui n'y figuraient pas ; en *dépenses*, nous les faisons
figurer parmi les charges.

Les dépenses de l'année 1689 sont beaucoup plus faciles à établir.
Elles forment l'objet de tableaux très détaillés.

### § 3. — *Budget total en monnaie actuelle.*

Valeur intrinsèque de la livre tournois = 1,02.
Pouvoir de l'argent = 2.
Valeur extrinsèque = 2,04.

On a :

RECETTES

| | |
|---|---:|
| Impôts directs. . . . . . . . . . fr. | 185 640.000 |
| Impôts indirects. . . . . . . . . . | 175.440.000 |
| Domaine . . . . . . . . . . . . | 39.643.320 |
| Dons gratuits des pays d'Etat. . . . . | 13.260.000 |
| Deniers payés par le clergé. . . . . . | 24.480.000 |
| Total. . . . . . . . | 438.463.320 |

DÉPENSES

| | |
|---|---:|
| Charges . . . . . . . . . . . . | 167.543.160 |
| Liste civile . . . . . . . . . . . | 56.304.000 |
| Dépenses militaires . . . . . . . . | 144.695.160 |
| Bâtiments . . . . . . . . . . | 8.160.000 |
| Ponts et chaussées. . . . . . . . | 7.552.000 |
| Affaires étrangères . . . . . . . . | 7.854.000 |
| Police . . . . . . . . . . . . | 6.640.200 |
| Divers . . . . . . . . . . . . | 9 381.960 |
| Total. . . . . . . . | 408.330.480 |
| Excédent des recettes . . . . | 30.132.840 |

Le total du budget a diminué, pour plusieurs causes,
dont les principales sont : *a*) les banqueroutes de 1715,
1721, 1726, qui ont considérablement allégé les charges;
*b*) la diminution des dépenses militaires, par suite de la
paix, et enfin, *c*) une administration plus sage et plus
économe des deniers publics. Les sommes de la liste

civile ont diminué de presque moitié : c'est le résultat de l'administration du cardinal Fleury.

Les impôts directs ont considérablement baissé; mais il ne faut pas oublier que 1739 est une année de paix; quand la guerre survenait, on s'adressait encore à eux (et à l'emprunt) pour faire face au supplément de dépenses.

Section Sixième. — **Budget de 1773.**

La mort du cardinal Fleury marque dans le règne de Louis XV le terme de la période de relative sagesse financière. M$^{me}$ de Pompadour, puis la Dubarry vont entrer sur la scène monarchique, les contrôleurs généraux vont succéder aux contrôleurs généraux, « dégringolant, suivant l'expression de Voltaire, les uns après les autres, comme les personnages de la lanterne magique », léguant à leurs successeurs des difficultés grandissantes et une situation amoindrie.

Le gaspillage et le désordre vont de nouveau s'attacher à nos finances et de longtemps il ne sera permis d'en découvrir clairement la gestion.

Les documents ne manquent pas absolument, mais ils sont inutilisables; nous connaissons, en effet, le règlement officiel des budgets de 1758 et de 1760 à 1769 (réglés définitivement, le premier, en 1771, les autres en 1773). Mais, d'abord, ce règlement ne nous donne que le chiffre total des recettes et des dépenses relatives à chaque exercice, recettes et dépenses réalisées successivement, semaine par semaine, dans un espace de dix à treize ans, sans opérer entre elles aucune distinction d'origine ou de destination. Ensuite et surtout, il ne comprend qu'une partie seulement des charges, la plupart des charges annuelles étant déduites des recettes et ne figurant pas au compte du trésor royal.

Quoi qu'il en soit, nous pouvons, approximativement, fixer la moyenne de ces budgets en dépenses à plus de 350 millions de livres par an.

D'autres documents nous permettent d'apprécier la nature des dépenses et de distinguer les charges et remboursements des dépenses proprement dites; mais ils ne nous donnent point le total des dépenses ordonnancées; ils ne mentionnent que les paiements effectués dans le courant de l'année, soit pour l'exercice présent, soit pour les exercices antérieurs. Souvent même, ils omettent les dépenses payées par acquits de comptant. Cet enchevêtrement des années les unes dans les autres est, à lui seul, une cause permanente et presque insurmontable de désordre, ne permettant pas de donner convenablement le budget complet d'un exercice.

Cependant, ces documents rapportés par Clamageran et complétés par des renseignements empruntés à Bailly et à l'*Encyclopédie méthodique*, nous donnent la possibilité d'établir approximativement le budget de 1773 (1).

_______________

(1) Clamageran, *op. cit.*, t. II, liv. 3, ch. III, pp. 383-468. Bailly, *op. cit.*, t. II, pp. 184-195. *Encyclopédie méthodique*, t. III, pp. 632-635, 637, 652.

*§ 1. — Nous pouvons classer ainsi les recettes ordinaires :*

Impôts directs . . . . . . . . . . . . . . . . . . . ﬂ. 172.336.000

 Recettes générales (1). . . . . . 136.000.000
 Pays d'Etat (moins les dons grat.). 17 000.000
 Vingtième des princes du sang . . 130.000
 Vingtième de Paris . . . . . . . . 3.882.000
 Capitation de Paris . . . . . . . 2.046.000
 Capitation de la cour . . . . . . 450.000
 Revenus casuels. . . . . . . . . . 5.682 000
 Centième des offices (impôts dir.
  sur les immeubles fictifs). . . . 2.000.000
 Dixième de retenue . . . . . . . 5 146.000

Impôts indirects (2). . . . . . . . . . . . . . . . . . 171.294.000

 Fermes générales (dont nous avons
  distrait les droits domaniaux sur
  les actes (contrôle, etc.). . . . 114.361.000
 Nouveaux sols pour livres . . . . 22.000.000
 Fermes de Sceaux et de Poissy. . 600.000
 Ferme des papiers et de l'amidon. 1.434.000
 Régie des droits réunis . . . . . 8.919.000
 Régie des droits réservés . . . . 6.826.000
 Régie des droits sur les hypothèq. 4.793.000
 Octrois municipaux . . . . . . . . 1.079.000
 Fermes particulières . . . . . . 370.000
 Flandre maritime. . . . . . . . . 300.000
 Nouveaux péages (hors du dom.) . 2 500.000
 Marc d'or. . . . . . . . . . . . . 400.000
 Postes . . . . . . . . . . . . . . 7.713.000

      *A reporter.* . . . . . 343.630.000

(1) Ces recettes comprennent les produits de la taille, capitation, vingtièmes dans les pays d'élection (moins les vingtièmes et la capitation à Paris).

(2) Les nouveaux sols pour livres sont des centimes additionnels (ils portent sur tous les produits des fermes générales et, par suite, nous les avons rangés dans les impôts indirects). En réalité, l'exactitude rigoureuse eût demandé qu'on rangeât dans les impôts directs

7 JA

|  |  |  |
|---|---|---|
| *Report* | . . . . . | 343.630.000 |
| Domaine. | . . . . . . . . | 24.039.000 |
|    Domaine contrôle. | 17.639.000 | |
|    Domaine corporel. | 5.400.000 | |
| Dons gratuits des pays d'Etat. | . . . . | 6.681.000 |
| Ressources exceptionnelles | . . . . | 608.000 |
| Total | . . . . . . | 374.958.000 |

### § 2. — *Dépenses.*

|  |  |  |
|---|---|---|
| Charges | . . . . . . | 211.700.000 |
|    Rentes perpétuelles et viagères. | 164.000.000 | |
|    Remises et frais de finances | 22.700.000 | |
|    Caisse des arrérages. | 20.000.000 | |
|    Compagnie des Indes | 5.000.000 | |
| Liste civile | . . . . . | 53.234.000 |
|    Maisons royales. | 32.000.000 | |
|    Pensions aux princes | 4.000 000 | |
|    Troupes de la maison du roi. | 9.234.000 | |
|    Dépenses secrètes. | 8.000.000 | |
| Dépenses militaires | . . . . | 112 429.000 |
|    Armées de terre et guerre | 68.362.000 | |
|    Artillerie et génie. | 12.617.000 | |
|    Ligues suisses. | 1.450.000 | |
|    Marine et colonies. | 30.000.000 | |
| *A reporter.* | . . . | 377.363.000 |

une partie du produit des nouveaux sols; comme il s'agit d'une somme peu importante (que, d'ailleurs, nous ne connaissons pas exactement), nous n'avons pas fait de défalcations.

La ferme de Sceaux et de Poissy comprend des taxes sur les viandes de boucherie.

Les *droits réunis* sont des droits perçus sur les quais, halles et marchés. Les *droits réservés* sont les anciens dons gratuits des villes que, maintenant, le roi lève directement au moyen de taxes particulières.

La *Flandre maritime* comprend des taxes de consommation.

Le *Marc d'or* est un droit payé par toute personne obtenant une grâce, une faveur, un privilège, une charge, ou même une simple permission.

|  | *Report.* . . . | 377.363.000 |
|---|---|---|
| Ponts et chaussées . . . . . . . . . . . . . . . . . . | | 6.000.000 |
| Affaires étrangères . . . . . . . . . . . . . . . . . . | | 8.000.000 |
| Police . . . . . . . . . . . . . . . . . . . . . . | | 5.628.000 |
| Justice et administration . . . . . . . . . . . . . | | 4.500.000 |
| | Total. . . . . . . . . . . . | 401.491.000 |

## § 3. — *Budget total en monnaie actuelle.*

Valeur intrinsèque de la livre tournois = 1,02.
Pouvoir de l'argent = 2.
Valeur extrinsèque = 2,04.

### RECETTES

| Impôts directs . . . . . . . . . . . fr. | 351.565.440 |
|---|---|
| Impôts indirects . . . . . . . . . . . . | 349.439.760 |
| Domaines. . . . . . . . . . . . . . . | 49.039.560 |
| Dons gratuits et divers. . . . . . . . | 14.869.560 |
| Extraordinaires. Emprunts. . . . . . . | 54.127.320 |
| Total. . . . . . . . . | 819.041.640 |

### DÉPENSES

| Charges. . . . . . . . . . . . . . . . . . | 431.868.000 |
|---|---|
| Liste civile . . . . . . . . . . . . . . . | 108.597.360 |
| Dépenses militaires . . . . . . . . . . | 229.355.160 |
| Ponts et chaussées. . . . . . . . . . | 12.240.000 |
| Bâtiments . . . . . . . . . . . . . . . | » |
| Affaires étrangères . . . . . . . . . . | 16.320.000 |
| Police . . . . . . . . . . . . . . . . . | 11.481.120 |
| Dépenses de justice et d'administration. | 9.180.000 |
| Total. . . . . . . . . | 819.041.640 |

### Section Septième. — Budget de 1785.

« A mesure que l'on s'approche de la Révolution, les ténèbres financières s'épaississent encore », s'écrie le baron de Nervo. Les déficits s'accumulent, et malgré la bonne volonté d'un roi, plutôt enclin à soulager son peuple, le poids des impôts devient toujours plus lourd. En vain, des ministres sages et réformateurs essayeront de réagir; le courant fatal les entraînera; le désordre, le luxe extravagant, les gaspillages se développent et se multiplient. On marche à l'aveuglette, on vit au jour le jour, d'expédients, sans essayer de se rendre compte d'une situation qu'au contraire on cherche à se dissimuler.

« Le gouvernement, dit Necker, ne pouvait qu'avec peine, et après de longues recherches, former le tableau de sa situation financière. Les registres du garde du trésor royal ne donnent à cet égard que des indications insuffisantes et des renseignements incomplets. Des branches entières d'impositions publiques n'y étaient ni versées, ni même connues; il n'y existait aucune trace de plusieurs sortes de dépenses, qui se propageaient sur divers caisses. On ne pouvait suppléer à ce défaut d'ordre par les résultats des gestions particulières apurées dans la Chambre des comptes, parce que ces comptes n'étaient rendus et jugés qu'après un grand nombre d'années et se trouvaient répartis entre toutes les chambres du royaume; leur réunion n'aurait fourni qu'un travail confus, tardif et, dès lors, inutile. Même avec les comptes effectifs, c'est-à-dire basés sur les états au vrai, la tâche est encore impossible, par suite des lacunes et des enchevêtrements d'exercices (1). »

Et Calonne, dans ses discours à l'Assemblée des notables (2), émettait à son tour la même idée : « Le nombre des parties hétérogènes et variables dont ces états (au vrai) sont composés, l'enchevêtrement des différents exercices, la confusion, provenant de prélèvements locaux sur les recouvrements plus ou moins retardés, le rejet des valeurs et assignations reportées d'une année sur l'autre, enfin, le mélange inévitable de l'arriéré, du courant et du futur, du fixe et du variable ou de l'éventuel, de ce qui n'est que le résultat des virements d'avec ce qui doit être compté pour effectif; toutes ces causes réunies rendent extraordinairement difficile de discerner ce qui appartient à chaque année pour former une balance juste de l'état annuel. »

Les difficultés devaient être prouvées, d'une façon péremptoire, par la retentissante controverse de Necker et de Calonne, au sujet du budget de 1781. Le fameux « compte rendu au roi » est certainement un exposé incomplet, et Necker lui-même, au cours de la querelle, reconnut qu'il donnait des moyennes se rapportant au seul budget ordinaire et aux seules dépenses fixes. Les différents mémoires en réplique ou en réponse de Calonne, n'éclaircirent pas ce fastidieux débat. Necker et Calonne n'y apportèrent ni l'un ni l'autre le principal attrait que peut renfermer une dissertation financière :

(1) Déclaration du 17 octobre 1779, au sujet de la comptabilité. Préambule.
(2) Discours du 4 février; à l'ouverture de cette assemblée (1787).

la clarté et la concision. Les attaques et les réponses sont également diffuses, également surchargées de répétitions, hérissées d'arguments sans preuves, au milieu desquels il est impossible d'apercevoir la vérité.

Stourm (1), dans ses études consacrées aux budgets antérieurs à la Révolution, renonce à en faire l'évaluation.

Où donc allons-nous puiser les renseignements nous permettant d'établir un des derniers budgets de l'ancien régime ? Nous ne pouvons songer à utiliser autrement que comme modèle de contexture et de distribution des recettes et des dépenses, le projet de budget présenté par Necker aux États généraux, pour l'année 1789, car il ne s'agit que d'un projet de budget et d'un budget pour recettes et dépenses ordinaires, fixes, seulement.

Devant cette pénurie de documents, force nous est de nous rabattre sur l'ouvrage de Bailly, qui nous fournit « l'état au vrai » de 1785, et d'en dégager par certaines conjectures (que nous indiquerons) le budget de l'exervice 1785.

Voici l'état des recettes et des dépenses dressé par Bailly, d'après l'état au vrai, de 1785, ou, si l'on veut, le résumé de cet « état au vrai » (2).

(1) Les *Finances de l'ancien régime et de la Révolution*, t. I, pp. 480-495.
(2) Bailly, *op. cit.*, t. II, pp. 287 et suiv.

### RECETTES

1. Versements effectués au trésor pendant l'exercice 1785 sur les produits considérés comme revenus ordinaires (déduction faite des anticipations). . . . . . . . . . . . . . . . . . lt.  365.723.800

2. Deniers extraordinaires (loterie, emprunts, finances d'offices, cautionnements, annulations, remises des exercices antérieurs, assignation sur les exercices postérieurs, avances des fermiers généraux et régisseurs) . . . . . . . . . . .  493.227.700

Total. . . . . . . . . . .  849.951.700

### DÉPENSES

1. Liste civile, indépendamment des revenus en apanage, non compris ni la maison militaire, les grands officiers du roi, de la reine et des princesses ; ni l'entretien des châteaux royaux, les capitaineries, frais occasionnés par les voyages des personnes de la famille royale . . . . . . .  40.388.400

2. Extraordinaire des guerres. . . . . . . . . . .  131.130.000

3. Maréchaussée (police) . . . . . . . . . . . .  4.337.000

4. Marine et colonies. . . . . . . . . . . . . . .  34.000.000

5. Ponts et chaussées. . . . . . . . . . . . . . .  4.817.500

6. Gages et appointements des présidents du Parlement, aides, membres du conseil privé et secrétaire du conseil, des conseillers d'Etat et maîtres des requêtes, ministres, premiers commis des bureaux, intendants, grands officiers de la maison du roi, de la reine et des princesses, des dames du palais, etc..., des députés de la noblesse et du clergé aux Etats du Languedoc . . .  5.586.200

7. Deniers payés sur ordonnances (fonds faits aux receveurs généraux pour l'acquittement des dé-

A reporter . . .  218.259.400

Report. . . .  218.259.100

penses de leur généralité... intérêts de fonds
d'avances, honoraires et indemnités aux régis-
seurs et fermiers des droits) . . . . . . . . . . .  18.644.500

8. Ambassades. . . . . . . . . . . . . . . . . . .  2.464.000

9. Intérêts de la finance des charges supprimées,
des dots constituées à des princesses, etc . . . .  13.193.400

10. Fonds faits pour le paiement des rentes constituées à la charge du trésor royal . . . . . . . .  47.704.000

*Extraordinaires :*

11. Fonds appliqués au service des exercices antérieurs (1784 et antérieurs) . . . . . . . . .  222.475.000
A celui des années 1786 et 1787. . . . . . . . .  185.129.000

Montant des dépenses par rôles. . .  709.839.500

12. Acquits de comptant. . . . . . . . . . . . . .  136.684.800

13. Dépenses en vertu d'arrêts du conseil . . . . . .  3.259.500

14. Dons aux ministres membres du conseil. . . . .  66.000

15. Dons, épices et frais de compte aux magistrats de
la Cour des comptes. . . . . . . . . . . . . . .  101.900

Total. . . . . . . . . . . .  849.951.700


Ceci donné, Bailly calcule le déficit et il le fait à l'aide
des tableaux suivants :


La dépense est de. . . . . . . . . . . . . . . . .  849.951.700
Si on déduit la dépense appliquée aux exercices
étrangers. . . . . . . . . . . . . . . . . . . .  407.604.000

On a. . . . . . . . . . . .  442.348.000

Or, les produits du même exercice et les reliquats des
années antérieures qui lui ont été appliqués ont
été de . . . . . . . . . . . . . . . . . . . . .  363.953.000

Reliquat des dépenses. . .  78.395.000

Pour combler, on a obtenu :

1º Par des finances d'office . . . . . . . . . . . . .   11.845.000
2º Par le bénéfice de refonte des monnaies . . . . .   4.148.000
3º Par les emprunts en rentes . . . . . . . . . . .   115.283.000
4º Par 201.609.000 livres d'assignations sur les revenus
    des années 1786 à 1788 et par 29.795.000 d'avances
    faites par les fermiers et régisseurs des droits,
    formant ensemble exactement. . .   231.404.000
Mais on a affecté au service des exer-
    cices 1786 et 1787. . . . . . . . .   185.129.000

Par conséquent, la partie des anticipa-
    tions appliquées à 1785 a été seule-
    ment de. . . . . . . . . . . . .   46.295.000   46.275.000

    Et le total des moyens extraordinaires a été de   177.551.000

Et la somme de. . . . . . . . . . . . . . . . . . .   99.156.000
    restant disponible après l'acquittement des dé-
    penses de l'exercice 1785, fut employée à couvrir
    l'insuffisance des ressources sur les exercices anté-
    rieurs . . . . . . . . . . . . . . . . . . . .   78.395.000
Le déficit ne se bornait pas à 78.395.000 ; depuis 1782,
    les pensions n'étaient plus comprises dans l'*état
    du Roi* et faisaient l'objet d'un compte particulier.
    On sait par les mémoires du roi, manuscrits,
    qu'elles s'élevaient à 32 millions, dont 4 environ
    étaient acquittés par prélèvements sur certains
    produits. La caisse du trésor en payait pour . . .   27.313.000
L'arriéré exigible (les restes de 1785) étaient (arrêtés
    le 1er juillet 1791 par les commissaires de la tré-
    sorerie royale) de . . . . . . . . . . . . . . .   71.932.000

    Total du déficit . . . . . .   177.640.000

« L'état au vrai » que résume ces tableaux se fait remarquer par tous les défauts que nous avons signalés avec
Necker et Calonne : enchevêtrement des exercices, insuffisance des données, lacunes. C'est, si l'on veut, et encore

mal distribué et incomplet, un budget de comptabilité par gestion; nous allons le transformer en budget de comptabilité par exercice.



Tout d'abord, du total des dépenses, 849.951.700, il faut soustraire celles qui sont afférentes aux exercices antérieurs et postérieurs, soit 407.604.000; d'où il reste, pour les dépenses de l'exercice 1785, 442.347.700.

De plus, dans son deuxième tableau, consacré au calcul du déficit, Bailly nous dit que les dépenses de l'année 1785, reportées sur les exercices suivants, sont de 71.932.000, qui, joints aux 442.347.700, nous donnent, pour l'ensemble des dépenses de l'exercice 1785, 514.279.700 livres.

« Mais, ajoute Bailly, en guise de commentaire à son tableau des recettes et des dépenses de 1785, sur le revenu brut de l'impôt, on prélevait 76 millions de frais de régie et diminutions, 224 pour gages, rentes, intérêts de cautionnements et autres créances privilégiées... Après encore que le garde du trésor avait payé 27 millions pour la partie des pensions qui étaient ordonnancées sur sa caisse, il ne restait qu'à peine 200 millions à l'Etat, sur les revenus ordinaires, alors que les seules dépenses du comptant absorbaient de 130 à 150 millions. »

En examinant les dépenses comprises dans « l'état au vrai », on voit que seules celles comprises sous les rubriques 7, 9, 10, peuvent être classées dans les dépenses prélevées, dont Bailly nous entretient (et encore les dépenses

n° 7 n'y rentrent-elles que pour partie), formant ensemble
un total de 79.541.900. Il reste donc 327.000.000, moins
79.541.900, c'est-à-dire 247.458.500 livres qui sont omises
et qu'il faut ajouter aux 514.279.700 livres comprises
dans « l'état au vrai » (1). On arrive, de la sorte, à une
dépense totale de 761.737.800 livres, que nous pouvons
approximativement distribuer de la sorte :

| | | |
|---|---:|---:|
| Charges. . . . . . . . . . . . . . . . . . . . . lt. | | 327.000.000 |
|     Dette consolidée perpétuelle et viagère. . . . . . . . . . . | 224.000.000 | |
|     Frais de régie et d'administration | 76.000.000 | |
|     Pensions (ordinaires) . . . . . . | 27.000.000 | |
| Liste civile . . . . . . . . . . . . . . . . . . . | | 187.073.200 |
|     Maisons royales . . . . . . . . . | 40.388.400 | |
|     Troupes de la maison du roi. . . | 10.000.000 | |
|     Comptant. . . . . . . . . . . | 136.684.800 | |
| Dépenses militaires . . . . . . . . . . . . . . | | 165.430.000 |
|     Extraordinaire de guerre. . . . . | 131.430.000 | |
|     Marine et colonies. . . . . . . . | 34.000.000 | |
| Ponts et chaussées . . . . . . . . . . . . . . . | | 4.817.500 |
| Affaires étrangères . . . . . . . . . . . . . . . | | 8.000.000 |
| Police . . . . . . . . . . . . . . . . . . . . . | | 4.337.000 |
| Justice et administration. . . . . . . . . . . . | | 14.500.000 |
| Divers et extraordinaires (2). . . . . . . . . . | | 50.880.100 |
| Total. . . . . . . . . . . . | | 761.737.800 |

(1) La seule conjecture à laquelle nous ayons eu recours est celle-
ci : Nous avons supposé que les dépenses de comptant ne contiennent pas de sommes affectées aux charges et frais de régie. Cette
conjecture est tout à fait logique, à ce point qu'on peut la considérer comme l'expression de la vérité.

(2) Cette distribution est purement approximative; pour l'établir
nous avons tenu compte de l'état au vrai de 1785 et nous nous sommes aidés du *Budget de Necker en 1789*, présenté aux Etats généraux de Versailles. V. *Compte général des recettes et des dépenses
fixes au 1er mai 1789*. Mémoire envoyé à l'Assemblée nationale en
1789.

## § 2. — *Recettes.*

Nous avons à notre disposition, pour le calcul de ces recettes « le montant des impositions, droits et servitudes manuelles et pécuniaires qui existaient en France à l'époque de 1786 », dressé par Bailly (1). Ce montant s'élève à 880 millions de livres (non compris les droits féodaux), dont 558 levés ou exercés au nom du roi par les receveurs généraux. Dans ce total, sont compris environ 30 millions qui sont l'estimation pécuniaire de servitudes en nature (corvée royale, milice). Conformément au programme que nous nous sommes tracé, nous n'en tenons pas compte.

Et nous avons, pour les ressources ordinaires du budget, environ 528 millions de livres, se décomposant ainsi :

| | |
|---|---:|
| Impôts directs . . . . . . . . . . . . . fr. | 220.000.000 |
| Impôts indirects. . . . . . . . . . . . . | 241.440.000 |
| Domaine . . . . . . . . . . . . . . . . | 61.560.000 |
| Divers . . . . . . . . . . . . . . . . . | 5.000.000 |
| Total (2) . . . . . . . | 528.000 000 |
| Déficit (3). . . . . . . . . . . . . . . | 238.737.800 |

(1) Bailly, *op. cit.*, t. II, pp. 278-287, et *Développements annexes*, pp. 307 et suiv.

(2) Nous ne répétons pas la distribution détaillée des recettes, et nous renvoyons à l'année 1773, en signalant que la principale cause d'augmentation des impôts directs provient de la création de deux nouveaux vingtièmes. Pour les impôts indirects, cela est expliqué par la multiplication des taxes et le rendement supérieur des gabelles, aides, postes, tabacs, etc. L'augmentation du domaine est due au développement du domaine contrôle, atteignant 46.840.000 livres, alors que le domaine corporel donne seulement 15 millions.

(3) Plusieurs motifs se réunissaient pour qu'alors ce déficit fût

## § 3. — *Budget total en monnaie actuelle.*

Valeur intrinsèque de la livre tournois = 0,98.
Pouvoir de l'argent = 2.
Valeur extrinsèque = 1,96.

### RECETTES

| | | |
|---|---|---:|
| Impôts directs. | fr. | 431.200.000 |
| Impôts indirects. | | 473.222.400 |
| Domaine. | | 120.657.600 |
| Divers. | | 9.800.000 |
| Emprunts sous toutes ses formes. | | 458.126.088 |
| Total. | | 1.493.006.088 |

### DÉPENSES

| | |
|---|---:|
| Charges. | 640.920.000 |
| Liste civile. | 366.663.472 |
| Dépenses militaires. | 323.654.800 |
| Ponts et chaussées. | 8.442.300 |
| Affaires étrangères. | 15.680.000 |
| Police. | 8.500.520 |
| Justice et administration. | 28.420.000 |
| Divers et extraordinaires. | 99.724.996 |
| Total. | 1.493.006.088 |

une cause d'embarras pour le gouvernement et de troubles pour l'Etat. Ces motifs étaient :

1° L'absence de crédit dont avait abusé une administration sans règles et sans contrôle ;

2° La faible part que le trésor royal avait dans la masse des tributs que supportait le royaume (520 sur 890, et encore on ne comprend ni le bénéfice des fermes, ni les droits féodaux).

3° L'impossibilité d'ajouter aux impôts déjà trop élevés et d'autant plus intolérables qu'ils n'atteignaient qu'une partie des personnes et des propriétés.

### Section Huitième. — Considérations générales sur les budgets de la monarchie absolue.

Nous voici à 1 milliard 1/2. Depuis 1609, le montant du budget a sextuplé. On ne peut plus guère en accuser l'unification et la centralisation du royaume. A ce point de vue, la situation est restée sensiblement la même. Il y aurait plutôt à signaler des germes de décentralisation financière avec les assemblées provinciales de Necker et de Calonne (1).

Les causes principales de la progression budgétaire, clairement manifestées par la comparaison des budgets de 1609 et de 1785, sont les dépenses de luxe et la guerre. La liste civile a passé de 58 millions à 365; les dépenses de guerre ont monté de 30 à 325, sans compter la formidable augmentation des charges dues, en grande partie, à la guerre et aux fastueuses dépenses de la cour. Il n'échappe à personne que les dépenses de luxe et les dépenses militaires se rattachent par un lien très étroit au système de la monarchie absolue. Il peut se rencontrer, et il s'est rencontré quelquefois, des souverains partisans de l'économie et de la paix; mais ce sont là si bien des exceptions, que le type royal semble effacé en eux : Louis XII est bien pâle à côté de François I<sup>er</sup>, Henri IV

_________

(1) La création des assemblées provinciales constitue bien un pas vers la décentralisation financière, puisque les généralités administrées par elles eurent un budget propre. Mais il n'y eut pas de décentralisation administrative et politique à proprement parler, puisqu'il est fort douteux qu'elles aient eu la personnalité morale. Ces assemblées furent de véritables intendants collectifs et élus (principe de la collégialité).

bien peu roi à côté de Louis XIV. Quand l'autorité est indépendante de la supériorité morale et intellectuelle, elle a besoin, pour s'exercer dans toute sa plénitude, d'un prestige extérieur, et ce prestige doit être d'un ordre grossier, afin de saisir les masses, tenues à dessein dans l'ignorance. Ce prestige extérieur, le luxe le donne. La guerre le donne aussi, et elle y ajoute une force matérielle, destinée à intimider ou à écraser ceux qui résistent au prestige de l'autorité.

La grosse source de l'accroissement des budgets de la monarchie absolue réside, donc, dans des dépenses nuisibles ou tout au moins inutiles. Sans doute, les services publics se sont développés, mais cette cause d'augmentation disparaît à côté des deux autres. L'ensemble des services publics ne réclame guère plus de 90 millions de francs, comme le prouve le projet de budget présenté par Necker aux États généraux de 1789.

A quelles ressources faire appel pour trouver de pareilles sommes ? Aux recettes ordinaires ? Sans doute, elles dépassent 1 milliard; mais, quand même, elles sont insuffisantes. Pour un tiers du budget, il faut s'adresser à l'emprunt de plus en plus difficile et de plus en plus onéreux. L'emprunt a jet permanent est la planche de salut des finances de la monarchie absolue.

Mais une nation ne peut vivre de l'emprunt; fatalement, un jour arrive où il est improductif, et ce jour-là, il faut payer; il faut rembourser ou il faut sombrer... La crise inévitable est au bout... Cette crise fut la Révolution.

# CHAPITRE IV

## Les Budgets de la Révolution.

Après avoir consacré deux volumes à étudier de très
près les finances de la Révolution, Stourm finit par conclure : « Nous avons déjà renoncé à dresser le budget des
recettes et des dépenses ordinaires de la Révolution, il
faut, à plus forte raison, abandonner aussi la prétention
de reconstituer son budget extraordinaire (1). » « Quelle
est la somme qui a été dépensée durant cette terrible
« période, s'écrie Ramel, c'est presque se demander ce
« qu'à coûté la Révolution ? Question insoluble et qui
« le sera toujours. » (*Des Finances de la République.*)

C'est la conclusion à laquelle il faut s'arrêter; elle n'a
pas, d'ailleurs, de quoi nous surprendre. Nous avons
essayé de montrer combien il était difficile de dresser,
dans le passé, l'état budgétaire d'un peuple, même aux
époques d'ordre et de calme; et, par suite, au moment
de crise où s'effondrait le vieil édifice absolutiste, entraî-
nant avec lui ce qu'il y avait de défectueux et de vermoulu
dans la gestion financière, mais aussi les quelques principes de comptabilité, à la lumière desquels nous avons
éclairé notre route, au moment où le monde nouveau
cherchait obscurément sa voie à travers des tâtonnements

(1) R. Stourm, Les *Finances de l'ancien régime et de la Révolution*, t. II, p. 472.

de toutes sortes, peut-on s'étonner de trouver la vie budgétaire entourée d'une nuit épaisse et impénétrable ?

On proclamait, il est vrai, les grands axiomes qui servent de base à la politique financière moderne : budgets de plein jour, contrôlés par les mandataires de la nation.

Mais c'est souvent le sort des idées justes et fécondes d'être méconnues de ceux-là mêmes qui s'en font les propagateurs. Sous la Révolution, le contrôle, et, par suite, la clarté des finances restèrent des idées toutes platoniques et toutes théoriques.

On s'était privé du concours de tous les financiers sérieux. On n'avait plus, à probablement parler, de ministres des finances; l'Assemblée s'en réservait elle-même la gestion, opérant ainsi une détestable confusion entre les idées de gestion et de contrôle.

Dans les esprits, de singulières erreurs avaient cours; on pensait pouvoir assurer la vie nationale sans faire appel à l'impôt, par la seule vertu des moyens extraordinaires, par des réquisitions au nom de la patrie en danger, et, surtout, par la combinaison déplorable des assignats (1).

On n'ignore pas que le cours de ceux-ci fut l'objet d'énormes et rapides variations. Quand une somme nous est soumise, la signification peut changer du tout au tout, suivant qu'elle est exprimée en monnaie, en espèces, ou au contraire, en assignats de telle ou telle date. C'est là un obstacle infranchissable qui rendrait vain et sans

---

(1) Déplorable, au point de vue de la clarté budgétaire. Au point de vue politique, il est permis de les juger autrement. Au moment où, par suite de l'épuisement général toute demande de ressources à la nation risquait d'être stérile, les assignats rendirent de grands services.

signification un exposé, même exact et complet, des sommes dépensées par la Révolution.

Mais cet exposé est lui-même impossible. Il n'y eut pas de budgets sous la Révolution, pas plus sous l'Assemblée constituante, que sous la législative ou sous la Convention. On vécut d'expédients, assurant le présent sans souci, sans prévision de l'avenir (1).

Avec le Directoire, quelques essais bien timides furent tentés. En l'an VII, en particulier, il y eut un budget de prévision en cours d'exercice (en prairial), pour les dépenses. En voici le résumé (2) :

| | | Dépenses ordinaires | Dépenses extraordinaires |
|---|---|---|---|
| Rentes . . . . . . . . . . . | fr. | 89.626.322 | |
| Guerre . . . . . . . . . . . . . | | 142.714.728 | 293.614.662 |
| Marine . . . . . . . . . . . . . | | 73.000.000 | 77.000.000 |
| Justice. . . . . . . . . . . . . | | 8.868.908 | |
| Intérieur . . . . . . . . . . . | | 29.913.671 | 7.360.000 |
| Totaux . . . . . | | 375.000.000 | 395.000.000 |
| Total général . . . . . . . | | 770 millions. | |

Il ne s'agit ici, nous le répétons, que d'un budget de prévision en cours d'exercice. A une époque où les dépenses extraordinaires étaient prévues pour plus de moitié du total, on conçoit que l'exécution du budget ait pu amener des changements considérables. Aussi, nous ne fournissons les données ci-dessus qu'à titre d'indication.

Il faut arriver au Consulat pour trouver des comptes financiers sérieux, pouvant servir de base à des reconstitutions budgétaires.

(1) *Essai politique sur le revenu public*, par Charles Ganilh, p. 806, cité par Stourm.
(2) R. Stourm, *op. cit.*, t. II, p. 438.

# CHAPITRE V

## Les Budgets du XIX° siècle.

Si nous voulions fournir dans ce chapitre l'ensemble des budgets français au xix° siècle, notre tâche serait aisée; mais elle serait aussi longue et fastidieuse qu'inutile. Nous avons, en effet, à notre disposition, le magistral travail de Nicolas, qui a reconstitué les budgets du xix° siècle de façon à les rendre comparables entre eux. Il s'arrête, il est vrai, à l'année 1877; mais depuis lors, les comptes généraux de l'administration des finances publiés dans de nombreux ouvrages statistiques, sont à la fois si clairs et si faciles à consulter, que tout travail de reconstitution ne saurait être qu'une œuvre inutile de copiste. Nous nous contenterons de donner quelques budgets convenablement choisis et dans le seul but de montrer l'accroissement de ceux-ci et de leurs différents chapitres au cours du xix° siècle; pour les autres, nous renverrons à l'ouvrage de Nicolas et aux différentes publications statistiques, comme l'*Annuaire statistique de la France* (1), auxquels nous avons fait appel.

Nous rangeons dans une section à part les deux bud-

(1) Ch. Nicolas, Les *Budgets de la France depuis le commencement du* xix° *siècle.*

*Annuaire statistique de la France,* 5° partie E, fournissant, depuis 1856, les budgets détaillés en recettes et en dépenses.

gets antérieurs à 1822 que nous allons citer, et ceci, pour les raisons signalées par Nicolas lui-même dans son avant-propos (p. 4) :

« Bien que nos tableaux budgétaires aient été rédigés principalement à un point de vue économique et statistique, nous nous sommes attaché à établir, autant que possible, une concordance parfaite avec les comptes généraux des finances. Hâtons-nous de dire que cette concordance est absolue pour tous les chiffres de recettes et de dépenses des budgets postérieurs à 1821 et que cette partie du travail offre la précision des comptes de finances eux-mêmes.

«Il n'en est pas de même, et il n'en pouvait être de même pour les exercices antérieurs. Le mode de comptabilité usité avant l'application de l'ordonnance du 14 septembre 1822 avait en effet un double inconvénient. D'abord, il perpétuait l'existence des budgets jusqu'à l'entière réalisation de leurs recettes, de telle sorte que les exercices s'accumulaient sans pouvoir être clos. Ensuite, il dissimulait une partie des charges supportées par les contribuables, en ne faisant ressortir que les recettes nettes, déduction faite des frais de régie, qui n'ont été rattachés au budget qu'en 1818 et des non-valeurs, restitutions, remboursements, etc., qui n'ont été rattachés qu'en 1822.

« On ne pouvait donc comparer les divers éléments de recettes et de dépenses dans les deux périodes, qu'à la condition de ramener les budgets de l'an IX à 1821 au régime de comptabilité qui a suivi.

« En ce qui touche les exercices de 1815 à 1821, la loi du 13 juillet 1824 a réglé l'apurement des comptes et des exercices, et l'administration même des finances, a pu, en ajoutant les frais de régie, etc., ramener ces budgets au régime de comptabilité postérieur à l'ordonnance du 14 septembre 1822.

«Quant aux exercices antérieurs à 1815, le même travail n'a pas été fait et, à vrai dire, il serait impossible aujourd'hui de le réaliser avec la précision qu'exigent les comptes financiers... Nous n'avons pas cru devoir nous arrêter à cette objection, et, à l'aide de comptes de finances, nous avons établi autant que possible les recettes brutes et le montant des frais de perception qui, par compensation, doivent être ajoutés aux dépenses.

« Sans doute, et malgré nos efforts, les résultats obtenus ne présentent pas toute l'exactitude désirable, d'autant plus que les budgets sur lesquels on s'appuie, bien que relevés plusieurs années après l'origine de l'exercice, comprenaient encore quelques recettes non perçues et quelques dépenses non payées; mais les résultats sont largement suffisants, au point de vue économique, et les conclusions que leur examen fera ressortir ne sauraient être infirmées.

« Tous les budgets sont soumis à l'unité et les recettes et les dépenses des budgets annexes, celles qui, pour les exercices postérieurs à 1822 se rapportent au budget ordinaire, au budget extraordinaire, aux budgets sur ressources spéciales, au budget spécial d'amortissement, au budget spécial de l'emprunt de 429.000.000; enfin, à dater de 1879, au budget sur ressources extraordinaires, sont comprises dans les recettes et les dépenses de ce que nous appelons simplement le budget (1). »

(1) V. Introduction, Section I<sup>re</sup>.

Nicolas a ramené à l'unité et à l'universalité les budgets du xix<sup>e</sup> siècle. Toutefois, son œuvre, si complète, soulève une critique, qui, peut-être, s'adresse moins à l'auteur qu'aux idées admises au moment où il publiait ses tableaux. En 1878, existait le budget sur ressources spéciales, destinées à alimenter les budgets départementaux et communaux. Les sommes figurant dans ce budget étaient levées par l'Etat et immédiatement mises à la disposition des personnes administratives secondaires; elles ne faisaient que traverser le budget de l'Etat et cependant elles y figuraient, comme si celui-ci les avait réellement utilisées à son service. C'était là une situation regrettable, car le budget central ne doit pas contenir les recettes des collectivités autres que l'Etat; elle n'a pris fin qu'en 1892 (1).

Croyant assurer le principe de l'unité du budget, Nicolas a fait rentrer dans les totaux du budget l'ensemble des recettes et des dépenses sur ressources spéciales, et, obéissant à la louable préoccupation d'assurer la comparabilité des différents budgets du xix<sup>e</sup> siècle, il a compris, dans les recettes et dépenses antérieures à 1862, ces mêmes ressources spéciales.

Pour les époques postérieures à 1822, nous les en ferons sortir; car Nicolas nous fournit lui-même les moyens de corriger son involontaire erreur (2).

---

(1) Qu'on ne dise pas que ce budget sur ressources spéciales était nécessaire pour assurer la surveillance des intérêts locaux! A cette tâche parfaitement légitime la tutelle administrative peut largement suffire en utilisant d'autres procédés.

(2) Nicolas ne donne ces éléments de correction qu'à dater de 1822. V. Tableau n° 2, pp. 37 et suiv. Pour les époques antérieures (1801-1821), nous manquons de renseignements.

Nous donnerons, dans ce chapitre, les budgets de 1801, 1820, 1840, 1860, 1880, 1900: Nous le répétons, notre but n'est pas de faire une statistique complète, mais simplement de disposer quelques éléments capables de manifester clairement la progression budgétaire, au cours du XIXᵉ siècle. On pourra, par des chiffres précis, et sans chercher ailleurs, se rendre compte que l'accroissement des budgets d'Etat, constaté avant la Révolution, n'a fait que continuer, et même s'accentuer (1).

SECTION PREMIÈRE. — **Budgets de l'an IX et de 1820.**

(Nous rangeons ces budgets dans une section spéciale, conformément aux indications de Nicolas d'abord, et ensuite, parce qu'il ne nous est pas possible d'en éliminer les fonds spéciaux aux départements et communes.)

|  | RECETTES | An IX | 1820 |
|---|---|---|---|
| Contributions directes . . . . . fr. | | 308.296.959 | 369.407.762 |
| Forêts. . . . . . . . . . . . . . . . | | 37.996.272 (2) | 17.806.905 |
| Domaines . . . . . . . . . . . . . | | 209.692.549 (3) | 4.934.224 |
| Impôts indirects . . . . . . . . . | | 164.068.802 | 502.322.295 |
|   Enregistrement et timbre. . . . . | | 114.452.696 | 152.791.112 |
|   Douanes et sels . . . . . . . . . | | 29.867.212 | 131.728.417 |
|   Contributions indirectes . . . . . | | 2.366.143 | 194.641.712 |
|   Postes. . . . . . . . . . . . . . | | 17.382.751 | 23.161.053 |
| *A reporter.* . . | | 720.054.582 | 894.471.186 |

(1) Assurément, il y a encore dans notre comptabilité financière certaines entorses au principe de l'unité, puisque les budgets annexes ne comptent dans le résultat final que pour solde; mais ces lacunes sont insignifiantes et elles sont incapables de modifier la physionomie générale des budgets.

(2 et 3) Les chiffres relativement élevés des recettes des premières années du siècle (les forêts et les domaines) sont dus à des ventes nombreuses de biens domaniaux.

|  |  |  |
|---|---|---|
| *Report.* . . | 720.054.582 | 894.471.486 |
| Produits divers. . . . . . . . . . | 29.551.301 | 38.968.367 |
| Total des recettes ordinaires. . | 749.605.883 | 933.439.553 |
| Ressources extraordinaires . . . . . | 85.991.843 | 5.978.510 |
| Total des recettes. . . . . | 835.597.725 | 939.238.063 (1) |

### DÉPENSES

|  |  |  |
|---|---|---|
| Finances. . . . . . . . . . . . . | 426.642.802 | 544.632.797 |
| Dette publique . . . . . . . . . | 108.458.028 | 320.333.753 |
| Dotations . . . . . . . . . | » | 38.732.680 |
| Service général du Ministère . . . | 32.581.506 | 18.849.601 |
| Frais de régie, remboursements, restitutions. . . . . . . . . . . | 285.603.268 | 164.827.256 |
| Dépenses à titres divers . . . . . | » | 1.889.507 |
| Guerre et marine. . . . . . . . | 351.000.000 | 227.993.912 |
| Guerre . . . . . . . . . . . . | 253.000.000 | 178.578.946 |
| Marine et Colonies . . . . . . . . | 98.000.000 | 49.414.965 |
| Administration intérieure et extérieure. . . . . . . . . . . . . | 57.580.635 | 134.102.954 |
| Affaires étrangères . . . . . . . | 5.916.552 | 9.021.466 |
| Justice . . . . . . . . . . . . . | 41.069.588 | 18.706.537 |
| Cultes . . . . . . . . . . . . . | | 24.600.000 |
| Instruction publique . . . . . . . | | 3.740.000 |
| Beaux-Arts. . . . . . . . . . . | | 940.000 |
| Intérieur. . . . . . . . . . . . | 40.594.495 | 41.955.251 |
| Travaux publics . . . . . . . . | | 29.640.000 |
| Agriculture et Commerce. . . . . | | 5.900.000 |
| Dépenses totales . . . . . . . . . | 835.223.437 | 906.729.663 |

(1) Dans le total, les ressources spéciales figurent pour environ 60 millions. Nous ne les déduisons pas, car nous ne pouvons les déduire en recettes et non en dépenses; or, nous n'en connaissons pas la distribution en dépenses.

Section Deuxième. — **Budgets de 1840, 1860, 1880, 1900.**

§ 1. — *Budgets de 1840 et 1860.*

RECETTES

| | 1840 | 1860 |
|---|---|---|
| Contributions directes . . . . . fr. | 295.283.362 | 307.316.011 |
| Forêts. . . . . . . . . . . . . . . . | 33.180.975 | 42.016.964 |
| Domaines . . . . . . . . . . . . . . | 5.668.278 | 13.494.413 |
| Impôts indirects . . . . . . . . . . | 687.448.841 | 1.074.384.625 |
| Enregistrement et timbre. . . . . | 225.069.753 | 356.390.004 |
| Douanes et sels . . . . . . . . . | 178.404 828 | 171.136.914 |
| Contributions indirectes. . . . . | 237.879.557 | 483.440.857 |
| Postes . . . . . . . . . . . . . . | 48.158.565 | 63.416.850 |
| Produits divers. . . . . . . . . . | 20.809.180 | 92.968.596 |
| Total des recettes ordinaires . | 1.042.399.636 | 1.529.180.609 |
| Ressources extraordinaires . . . . | 74.087.817 | 239.492.979 |
| Total général . . . . . . | 1.116.487.453 | 1.769.073.688 |

DÉPENSES

| | 1840 | 1860 |
|---|---|---|
| Finances. . . . . . . . . . . . . . | 522.447.553 | 875.888.606 |
| Dette publique. . . . . . . . . . | 336.220.162 | 560.184.408 |
| Dotations . . . . . . . . . . . . | 16.746.134 | 44.288.061 |
| Service général du ministère . . . | 21.081.068 | 23.775.141 |
| Frais de régie . . . . . . . . . | 129.191.585 | 193.066.957 |
| Remboursements, restitutions . . | 19.207.800 | 54.032.017 |
| Dépenses à titres divers . . . . . | » | » |
| Guerre et Marine. . . . . . . . . | 466.336.235 | 687.739.907 |
| Guerre et Algérie. . . . . . . . . | 367.233.184 | 485.113.708 |
| Marine et Colonies. . . . . . . . | 99.103.051 | 202.656.199 |
| Administration intérieure et extérieure. . . . . . . . . . . . . . | 256.931.668 | 327.395.884 |
| Affaires étrangères. . . . . . . . | 10.659.045 | 13.404.199 |
| Justice. . . . . . . . . . . . . . | 20.848.404 | 32.977.668 |
| Cultes . . . . . . . . . . . . . . | 35.824.653 | 52.102.124 |
| Instruction publique . . . . . . . | 15.840.224 | 23.008.460 |
| Beaux-Arts. . . . . . . . . . . . | 3.444.014 | 10.839.828 |
| Intérieur. . . . . . . . . . . . . | 27.143.564 | 61.202.564 |
| Travaux publics . . . . . . . . . | 125.136.164 | 125.641.977 |
| Agriculture et Commerce. . . . . | 18.525.600 | 16.762.544 |
| Total du budget . . . . . . | 1.245.715.456 | 1.890.966.425 |

## § 2. — *Budgets de 1880 et 1900.*

### RECETTES

| | 1880 | 1900 |
|---|---|---|
| Impôts directs. . . . . . . . . fr. | 440.297.014 | 602.923.408 |
| Forêts et domaines. . . . . . . . | 50.265.080 | 51.078.032 |
| Impôts indirects . . . . . . . . . | 2.260.952.564 | 2.836.887.805 |
|   Enregistrement et timbre. . . . . | 697.464.776 | 756.432.065 |
|   Douanes, sels, sucres. . . . . . . | 473.022.135 | 666.477.370 |
|   Contributions indirects et exploitations. . . . . . . . . . . . | 952.165.730 | 1.143.930.249 |
|   Postes . . . . . . . . . . . . . | 138.299.913 | 269.987.516 |
| Produits divers. . . . . . . . . | 118.925.998 | 124.384.929 |
| Ressources exceptionnelles . . . . | 86.256.502 | » |
| Total des ressources ordinaires | 2.956.923.947 | 3.737.360.160 |
| Ressources extraordinaires.. . . . | 573.899.337 | 77.583.500 |
| Total général . . . . . | 3.530.823.284 | 3.814.943.660 |

### DÉPENSES

| | 1880 | 1900 |
|---|---|---|
| Finances . . . . . . . . . . . | 1.581.275.966 | 1.755.015.297 |
|   Dette publique, dotations. . . . . | 1.256.278.243 | 1.256.278.243 |
|   Service général du Ministère . . . | 24.057.440 | 28.803.654 |
|   Frais de régie . . . . . . . . . . | 271.898.884 | 425.516.404 |
|   Remboursements et restitutions . | 29.041.399 | 45.966.623 |
|   Dépenses à titres divers . . . . . | » | » |
| Guerre et Marine. . . . . . . . | 778.071.366 | 1.245.873.849 |
|   Guerre et Algérie. . . . . . . . | 584.402.786 | 746.383.239 |
|   Marine et Colonies . . . . . . . | 193.678.580 | 499.490.610 |
| Administration intérieure et extérieure. . . . . . . . . . . . . | 467.263.805 | 746.069.935 |
|   Affaires étrangères . . . . . . . | 15.415.123 | 16.844.086 |
|   Justice. . . . . . . . . . . . . | 35.552.828 | 35.481.917 |
|   Cultes . . . . . . . . . . . . . | 52.408.162 | 42.694.919 |
|   Instruction publique . . . . . . . | 79.953.835 | 204.856.297 |
|   Beaux-Arts. . . . . . . . . . . | 8.655.995 | 21.253.821 |
|   Intérieur. . . . . . . . . . . . | 63.426.733 | 78.623.377 |
|   Travaux publics . . . . . . . . | 172.746.746 | 213.281.554 |
|   Agriculture et Commerce. . . . . | 37.479.531 | 128.632.229 |
|   Postes et Télégraphes . . . . . . | 1.615.952 | 4.401.736 |
|   Divers . . . . . . . . . . . . . | » | » |
| Total des dépenses ordinaires. | 2.826.611.437 | 3.746.959.081 |
| Dépenses extraordinaires . . . . . | 537.966.586 | » |
| Total général. . . . . . . | 3.364.577.723 | 3.746.959.081 |

Tableau comparatif des budgets des recettes (en chiffres ronds).

| | Domaines et bois | Impôts indirects et exploitations | Impôts directs | Dons gratuits et pr. divers | TOTAL des recettes ordinaires | Recettes extra-ordinaires | TOTAL GÉNÉRAL |
|---|---|---|---|---|---|---|---|
| Budget moyen de Ph. Auguste | 10 | » | » | » | 10 | » | 10 |
| — de saint Louis. . . . | 20,5 | » | » | » | 20,5 | 0,5 | 21 |
| — de Philippe le Bel . . | 33,5 | » | » | » | 33,5 | 40,5 | 74 |
| — de (1547-1580) . . . . | 47 | 80 | 121 | 16 | 264 | 71 | 335 |
| 1609 | 23 | 79 | 121 | 0,5 | 223,5 | 20,5 | 244 |
| 1640 | 4 | 130 | 190 | » | 324 | 120 | 444 |
| 1683 | 26 | 222 | 171 | 30 | 449 | 6 | 455 |
| 1715 | 38 | 170 | 327 | 22 | 557 | 212 | 769 |
| 1739 | 40 | 175 | 185 | 38 | 438 | » | 438 |
| 1773 | 50 | 350 | 351 | 14 | 765 | 54 | 819 |
| 1785 | 121 | 473 | 431 | 10 | 1.035 | 458 | 1.493 |
| 1801 | 247 | 165 | 308 | 30 | 750 | 85 | 835 |
| 1820 | 22 | 502 | 370 | 39 | 933 | 6 | 939 |
| 1840 | 39 | 687 | 296 | 20 | 1.042 | 74 | 1.116 |
| 1860 | 55 | 1.074 | 307 | 93 | 1.529 | 240 | 1.769 |
| 1880 | 50 | 2.261 | 440 | 205 | 2.957 | 573 | 3.530 |
| 1900 | 51 | 2.836 | 603 | » | 3.737 | 77 | 3.814 |

*Les sommes sont ici exprimées en millions de francs.*

Faisons remarquer à nouveau :

1° Que les *recettes extraordinaires*, dans les budgets féodaux (Philippe Auguste, saint Louis, Philippe le Bel), proviennent de l'impôt direct pour presque totalité; que dans les budgets suivants, ces recettes extraordinaires proviennent de l'emprunt sous toutes ses formes.

2° Que les revenus domaniaux comprennent, jusqu'en 1801, l'ensemble des droits sur les actes, correspondant à nos droits de timbre et enregistrement, et que c'est au développement de ceux-ci qu'est due l'augmentation des produits du domaine, alors que par les aliénations, les produits du domaine corporel ont progressivement diminué.

3° Que depuis 1801, les droits d'enregistrement et de timbre sont exclus du domaine et sont *compris dans les impôts indirects*.

4° Que dans les budgets de 1801 et de 1820 figurent à peu près 30 millions pour le premier, 60 pour le deuxième, de ressources départementales et communales.

5° Que le gros chiffre indiquant les produits domaniaux pour 1801 est le résultat d'aliénations et de ventes de bois.

Ajoutons qu'il serait possible de comparer les produits domaniaux de l'ancien régime et du xix⁰ siècle, en faisant rentrer dans les sommes exprimant ces produits au xix⁰ siècle, les ressources tirées du timbre et de l'enregistrement.

*Tableau comparatif des budgets des dépenses* (en chiffres ronds).

| | Ph.-A. | St Louis | P. le Bel | 1547-80 | 1609 | 1640 | 1683 | 1715 | 1739 | 1773 | 1785 | 1801 | 1820 | 1840 | 1860 | 1880 | 1900 |
|---|---|---|---|---|---|---|---|---|---|---|---|---|---|---|---|---|---|
| Liste civile | » | » | » | 44 | 59 | » | 64 | 111 | 56 | 109 | 366 | » | 39 | 17 | 44 | » | » |
| Charges — Dette perpétuelle et viagère | » | » | » | » | » | » | » | » | » | » | » | 108 | 320 | 336 | 560 | 1.256 | 1.256 |
| Charges — Frais de régie | » | » | » | » | » | » | » | » | » | » | » | » | » | » | » | » | » |
| Charges — Restitutions, remboursements | » | » | » | » | » | » | » | » | » | » | » | 318 | 185 | 169 | 271 | 325 | 499 |
| Charges — Autres dépenses du Ministère des Finances | » | » | » | » | » | » | » | » | » | » | » | » | » | » | » | » | » |
| Charges — Ensemble | » | » | » | » | 103 | 190 | 84 | 322 | 167 | 432 | 641 | 426 | 505 | 505 | 831 | 1.581 | 1.755 |
| Dépenses militaires — Guerre et Algérie | » | » | » | » | 29 | » | » | » | 105 | 169 | 257 | 253 | 179 | 367 | 485 | 585 | 746 |
| Dépenses militaires — Marine et Colonies | » | » | » | » | 3 | » | » | » | 40 | 61 | 66 | 98 | 49 | 99 | 203 | 193 | 499 |
| Dépenses militaires — Ensemble | » | » | » | » | 32 | » | 246 | 240 | 145 | 230 | 324 | 351 | 228 | 466 | 688 | 778 | 1.245 |
| Dépenses d'administration intérieure et extérieure — Affaires étrangères | » | » | » | » | 3 | » | » | » | 8 | 16 | 16 | 6 | 10 | 11 | 14 | 15 | 17 |
| Justice | » | » | » | » | » | » | » | » | » | 9 | 28 | » | 18 | 20 | 33 | 36 | 35 |
| Cultes | » | » | » | » | » | » | » | » | » | » | » | » | 24 | 36 | 52 | 52 | 43 |
| Instruction publique | » | » | » | » | » | » | » | » | » | » | » | » | 3 | 16 | 23 | 80 | 205 |
| Beaux-Arts | » | » | » | » | » | » | » | » | » | » | » | 41 | 1 | 3 | 11 | 9 | 21 |
| Intérieur | » | » | » | » | » | » | » | » | » | » | » | » | 42 | 27 | 61 | 63 | 79 |
| Agriculture et commerce | » | » | » | » | » | » | » | » | » | » | » | » | 6 | 19 | 17 | 37 | 129 |
| Travaux publics | » | » | » | » | 12 | » | 34 | 10 | 16 | 12 | » | » | 30 | 125 | 127 | 175 | 217 |
| Ensemble | » | » | » | » | 24,5 | » | 76 | 96 | 40 | 48 | » | 58 | 134 | 237 | 327 | 467 | 746 |
| Extraordinaires et diverses | » | 21 | 43 | 121 | 10,5 | 83 | 5 | » | » | » | » | » | » | » | » | 537 | » |
| Total | 8 | 21 | 74 | 335 | 229 | 444 | 455 | 769 | 408 | 819 | 1.493 | 835 | 906 | 1.245 | 1.890 | 3.364 | 3.746 |

*Les sommes sont exprimées en millions de francs.*

Nous rappelons :

1° Que les charges ne comprennent les frais de perception que pour une faible part dans les budgets de l'ancien régime. La plupart des impôts étaient affermés et les frais de régie sont ainsi nécessairement exclus. De 1801 à 1830, les frais de perception sont approximatifs; dans les budgets postérieurs, ils sont rigoureusement exacts et complets.

2° Nous rangeons sous le titre : « Dépenses extraordinaires et diverses » : 1° certains frais de guerre (surtout dans les budgets de la féodalité); 2° dans les budgets de 1547-1580, les sommes détournées; 3° certaines dépenses dont nous connaissons le total global, sans connaître la destination (budget extraordinaire).

# DEUXIÈME PARTIE

## CAUSES DE LA PROGRESSION ET REMÈDES [1]

La conclusion générale, incontestable, qui se dégage de l'exposé précédent, c'est l'accroissement des budgets de l'État français au cours des siècles envisagés. Le budget de 1900 est près de 400 fois plus considérable que celui de Philippe Auguste et près de 3 fois plus élevé que le plus haut budget de l'ancien régime. Le phénomène de progression est absolument général dans le temps.

Il l'est également dans l'espace. L'accroissement est universel, il existe dans tous les États, grands ou petits, vieux ou neufs, quelle que soit la forme du gouvernement, empire absolu, monarchie constitutionnelle ou république démocratique. L'accroissement est continu, pour peu qu'on envisage une période de quelque durée et que l'on fasse abstraction des faibles mouvements de recul qui se produisent parfois d'une année à l'autre.

Prenons, par exemple, l'Angleterre, pays riche, de

[1] Les causes de la progression des budgets ont été traitées par M. Bouvier à son cours de science financière. Nous tenons à dire que nous nous en sommes largement inspiré.

civilisation ancienne, jouissant du régime parlementaire depuis fort longtemps, peu soumis aux exigences du militarisme européen; malgré une paix de presque tout un siècle, nous constatons les chiffres de dépenses suivants :

|  |  |
|---|---|
| 1833. . . . . . . | 48.786.047 l. st. |
| 1859. . . . . . | 64.805.872 |
| 1900. . . . . . . | 110.927.000 |

Considérons un pays jeune et gouverné par un monarque absolu, comme la Russie, on a' :

|  |  |
|---|---|
| 1869. . . . . . . | 468.797.909 roubles. |
| 1899. . . . . . . | 1.462.500.000 |

De même dans la démocratique république américaine :

|  |  |
|---|---|
| 1883-84. . . . . . | 244.116.244 dollars. |
| 1888-89. . . . . . | 299.289.978 |
| 1897-98. . . . . . | 438.826.018 |

Même phénomène au Japon, où les chiffres du budget ordinaire ont ainsi progressé :

|  |  |
|---|---|
| 1869-70. . . . . . | 54.138.385 fr. |
| 1890-91. . . . . . | 275.010.341 |
| 1904-05. . . . . . | 758.112.920 |
| 1906-07 (prévision). | 494.704.707 |

Et encore faut-il remarquer qu'il existe, à côté, un budget extraordinaire considérable, alimenté par la vente, remontant à un certain nombre d'années, des différents biens de l'Etat, par l'indemnité chinoise à la suite de la guerre de 1895, par des emprunts, etc. Le budget extraordinaire, qui a soldé presque entièrement les dépenses de la guerre avec la Russie, a été lui-même fortement accru (1).

Partout, les chiffres sont vertigineux! Partout, ils accusent pour l'époque présente une accélération de la progression.

Le mouvement, absolument général dans le temps et dans l'espace, ne peut tenir à des causes uniquement locales et accidentelles; il doit se rattacher à des causes profondes et elles-mêmes générales, commandées par l'évolution sociale des peuples.

C'est à ces sources d'accroissement budgétaire que nous allons consacrer cette deuxième partie. Déjà, en exposant les budgets de l'ancien régime, nous avons signalé les causes particulières ou générales ayant motivé les augmentations constatées. Tout en les envisageant maintenant dans le cadre général de notre histoire budgétaire, nous nous attacherons plus spécialement à leurs effets, au cours du xix⁰ siècle. Nous pourrons, de la sorte, dégager certaines conclusions d'actualité.


À la différence des particuliers, qui sont obligés de régler leurs dépenses sur leurs recettes, l'Etat a le rare privilège de régler ses recettes d'après ses dépenses. L'augmentation des dépenses détermine, commande l'accroissement corrélatif des recettes; c'est donc au budget des dépenses que nous allons demander les causes de la progression.

(1) *Bulletin de l'Institut international de statistique*, 1899 et 1901. P. Baudin, La *Poussée*, p. 19. *Revue de Science et de Législation financières*, 1905, 1906, 1907. Chroniques étrangères de M. le professeur Emile Bouvier.

9 JA

Elles sont multiples; les unes ont été les facteurs d'un accroissement apparent; les autres ont déterminé un accroissement réel, et parmi les dernières, les unes sont d'ordre économique, d'autres, d'ordre social, d'autres, enfin, d'ordre politique.

# CHAPITRE PREMIER

## Causes d'accroissement apparent.



Section Première. — **La comptabilité.**

Une première cause réside dans les changements survenus dans la comptabilité publique, sans qu'en réalité, les sommes dépensées aient varié en rien. A l'heure actuelle, deux règles dominent la politique financière : l'universalité et l'unité du budget. On place dans un budget unique l'universalité des dépenses. C'est la seule façon d'assurer des finances sincères et sérieusement contrôlées (1).

Nous avons essayé de tenir compte de ces changements et de corriger cette cause d'accroissement fictif. Nous ne nous flattons pas d'y être parvenu complètement; les impôts dans l'ancien régime étaient affermés et les dépenses de perception étaient, par suite, exclues des comptes financiers. Pour les y faire rentrer, il eût fallu connaître à la fois les frais effectués par les fermiers et les bénéfices par eux réalisés. Double impossibilité! En tout cas, nous avons, autant qu'il nous a été possible, compté les frais de régie et, pour assurer les principes

(1) « Le morcellement du budget, dit Léon Say, est le plus sûr moyen qu'un ministre puisse employer pour annuler le contrôle parlementaire. » (Les *Finances de la République*, t. I, p. 10.)

de l'unité, rétabli les sommes énormes dissimulées par contraction ou confusion, et celles faisant l'objet de comptes spéciaux.

Au xix° siècle, et en suivant les tableaux de Nicolas, nous avons ramené à une comptabilité unique les différents budgets envisagés.

Nous ne nous arrêterons donc pas à cette première cause d'accroissement apparent; nous l'avons annihilée dans la mesure du possible.

Section deuxième. — La monnaie.

Nous ferons la même observation au sujet de la deuxième cause d'accroissement apparent : la baisse de la valeur de la monnaie. Nous nous sommes suffisamment expliqué sur la question, pour qu'il soit utile de l'envisager à nouveau ici. Les budgets de l'ancien régime ont été réduits à la même unité monétaire. Ceux du xix° siècle ne l'ont pas été, il est vrai, mais les variations du pouvoir d'achat des métaux précieux ont été à la fois alternatives et peu considérables. A coup sûr, la physionomie de la progression n'en peut être changée.

# CHAPITRE II

## Causes d'ordre économique.



Section Première. — Accroissement de la population.

Certes, il y a des dépenses fixes, quel que soit le nombre d'habitants d'un pays et, parmi elles, il faut ranger les frais de gouvernement central; mais la plupart croissent avec l'importance de la population, quelquefois même proportionnellement à cette population. Citons, au hasard : les frais de police, d'armement, d'instruction, etc. Cette cause d'augmentation des budgets est peu agissante, si nous considérons une courte période du xix° siècle; elle le devient au contraire beaucoup plus, si nous envisageons un grand laps de temps.

A la fin du règne de Louis XIV, la population française ne devait pas atteindre plus de 16 millions d'habitants (1). En 1790, elle n'était encore que de 26.500.000 (2), pour atteindre, à l'heure actuelle, approximativement 40 millions; si l'on pouvait remonter plus loin dans le passé, à l'époque de la féodalité, on arriverait à des chiffres plus éloignés encore. On conçoit que le jeu naturel de cette extension ait pu occasionner un accroissement de dépen-

(1) V. Clamageran, *op. cit.*, t. III, pp. 56, 127.
(2) V. Nicolas, *op. cit.*, appendice, p. 327.

ses sensible, surtout si l'on veut ne pas oublier que, pour partie, cette extension est due à l'agrandissement territorial du pays, nécessitant de nouveaux organismes régionaux à la charge du pouvoir central.

La comparaison des courbes démographiques et budgétaires ne manquerait ni d'intérêt, ni d'enseignements; mais il est absolument impossible d'assigner à l'accroissement de la population un coefficient déterminé dans le mouvement de progression budgétaire (1).

À l'heure actuelle, la stagnation de la population française, mise en face de budgets d'année en année plus formidables, prouve que cette source de dépenses ne joue, dans ce mouvement, qu'un rôle secondaire (2).

En tout cas, il ne saurait être question ici de réclamer des remèdes; nous sommes en présence d'une cause d'accroissement normale et heureuse; elle augmente la capacité fiscale de la nation et rend moins lourd pour les contribuables le poids des impôts, répartis sur un plus grand nombre de têtes.

______

(1) Il ne faut pas oublier que le développement de la population coloniale (surtout par voie de conquête) a réclamé de nouvelles dépenses dans les budgets.

(2) On se demande si, en France, la stagnation de la population ne va pas devenir à son tour une source de dépenses; ne sera-t-il pas nécessaire, ou au moins utile, de combattre la dépopulation, soit par des encouragements pécuniaires aux familles nombreuses, soit par des mesures destinées à diminuer la mortalité infantile, à lutter contre l'alcoolisme et la tuberculose?

### Section Deuxième. — Accroissement des traitements et des salaires.

Le progrès moderne tend à exalter le travail, à rendre dans la production son rôle prépondérant. La traduction logique de cet état de choses est un accroissement des traitements et des salaires, indépendamment de toute baisse de l'étalon monétaire. L'Etat employeur et industriel en subit le contre-coup dans les budgets. Il s'agit là d'un phénomène tout à fait moderne, dont seuls les budgets récents se sont ressentis (1). Il semble même que, de ce chef, de nouveaux accroissements de dépenses soient à attendre. Les groupements de fonctionnaires syndiqués ou, tout au moins, fortement unis, porteront leurs efforts vers une rémunération meilleure, et les budgets de l'avenir en seront d'autant accrus.

(1) V. *Monde économique*, 18 mars 1899, tableau des traitements moyens au cours du xix° siècle.

# CHAPITRE III

## Causes d'ordre social : Elargissement du rôle de l'Etat.

A l'époque où le seigneur-roi vivait comme un grand propriétaire sur ses terres, sur les revenus de son domaine, il n'avait pas à supporter le fardeau de ce qui constitue, de nos jours, les dépenses publiques. Il pourvoyait seulement aux frais d'entretien, de gestion et d'administration des terres et seigneuries dont il était le seigneur immédiat; il appliquait le surplus à l'entretien de sa maison et de sa famille, à l'entretien de *l'hôtel du roi*. A peine si, comme services publics embryonnaires, se dessinaient la justice, la police, l'armée et les finances, tous confondus entre les mains de mêmes fonctionnaires, à la fois serviteurs privés et agents financiers, judiciaires, militaires et policiers. Et encore, cette action rudimentaire de la royauté ne s'étendait pas loin; elle était restreinte aux limites du domaine de la couronne; en dehors d'elles, elle était insignifiante; les puissances féodales agissaient dans leurs seigneuries comme le roi dans ses domaines propres; l'intervention royale ne s'y marquait qu'à de rares intervalles et suivant les droits d'une vague suzeraineté, souvent même complètement inopérante.

Ce rôle étroit et effacé de la royauté ne devait pas

durer ; elle lutta pour abattre la féodalité, et à mesure que ses victoires devenaient plus larges et étendaient les limites territoriales. de son domaine, elle augmentait son action en profondeur, en imposant son intervention dans de nouvelles matières. A mesure que le pouvoir royal unifiait et centralisait le royaume, il puisait dans sa force accrue, l'énergie nécessaire à de plus larges attributions (1).

Mais le but de cet interventionisme était d'assurer la grandeur de l'Etat, la puissance du trône. Le bonheur de l'individu ne fut jamais en question, ou ne le fut que dans une mesure très secondaire. Voilà pourquoi les dépenses qui ont surtout grossi les budgets de l'ancien régime, sont les dépenses de luxe et les dépenses de guerre.

A la Révolution, l'individu, violemment comprimé depuis des siècles réclame ses droits. La réaction individualiste n'est pas anti-étatiste ; mais une orientation nouvelle se dessine et se poursuit. Par son intervention, l'Etat va devenir l'instrument du bonheur et de l'émancipation de l'individu.

Le souci de la grandeur et de la puissance nationale reste entier. Les dépenses militaires s'accroissent ; les moyens de protection et de défense sont colossalement multipliés. L'armée et la marine prennent une extension jusque-là inconnue.

Mais, à côté, on songe à la prospérité économique et intellectuelle du pays, destinée à élargir le bien-être matériel et moral de l'individu.

(1) Des sommes sont consacrées aux canaux, routes, travaux publics ; des encouragements sont accordés à l'agriculture (Sully) et à l'industrie (mercantilisme).

Des capitaux considérables sont consacrés aux travaux publics, chemins de fer, canaux; l'agriculture et le commerce sont favorisés, et les dotations de ces services, érigés en ministères distincts et séparés, sont plus que doublées. A l'instruction publique, des sommes énormes sont affectées, multipliant les foyers d'instruction (1). Les postes sont développées et les télégraphes et téléphones sont créés, nécessitant des crédits dix fois supérieurs à ceux du commencement du xix° siècle.

L'organisation du travail, de jour en jour plus étroitement réglementée, ménage aux finances de l'Etat des charges nouvelles. La création d'un ministère du travail n'est que la consécration de cette tendance.

Enfin, les œuvres sociales et d'assistance ne sont pas oubliées. Notre pays se penche sur l'humanité qui souffre et c'est par millions que se chiffrent les allocations, secours, subventions, inscrites au budget (2) ; c'est surtout de ce côté que l'avenir semble vouloir nous réserver de nouvelles charges, avec l'application du principe de solidarité sociale « de façon à ce que le droit à une suffisante vie soit assuré à tous les êtres humains, aux valides par le travail, aux invalides par la solidarité sociale (3) ».

La conclusion semble en être la création d'une assurance sociale générale contre le chômage, la maladie, les accidents du travail, l'invalidité et la vieillesse. La conséquence en serait une augmentation colossale de nos

(1) Les crédits inscrits au ministère de l'Instruction publique passent de 1 million et demi (an X) à 225 millions !

(2) Alf. Neymarck, *Revue des sociétés*, novembre 1907. (Résumé et compte rendu d'une conférence sur la situation financière de la France.)

(3) Benoît Mâlon, le *Socialisme intégral*, t. II, p. 119.

budgets, que Benoît Mâlon n'estime pas au-dessous de 3 milliards par an. « Il ne serait pas monstrueux, dit-il, de consacrer au budget de l'assurance sociale 3 milliards par an, pour que tous les enfants aient un berceau, toutes les mères le nécessaire, tous les infirmes et tous les vieillards le pain, l'abri et les soins réclamés par leur état (1). » Pour subvenir à ces charges, Benoît Mâlon propose un impôt sur les successions que, dans un projet de loi, André Godin n'évalue pas à moins de 2 milliards 1/2.

Telles sont les conséquences rigoureusement déduites du principe de solidarité sociale. Il ne nous appartient pas de discuter les mérites que présente un pareil projet, pas plus que de prendre parti sur la question de savoir « si le but de la société est non seulement de diminuer l'âpreté du combat de la vie, mais surtout d'assurer le progrès moral par l'aide mutuelle de tous les citoyens et la protection du malheureux et du faible (2) ».

Il semble bien qu'à l'heure actuelle l'application intégrale du principe soit impossible. Mais c'est la caractéristique de la législation sociale de n'avancer que par bonds, à mesure que les disponibilités budgétaires le permettent. Depuis une vingtaine -d'années, l'Etat est résolument entré dans cette voie. Les lois successives du 23 décembre 1874, 15 juillet 1893, la loi de finances de 1897, et enfin et surtout la loi du 15 juillet 1905 sont les étapes successives de cette politique. La loi sur les retraites ouvrières, votée par une formidable majorité à la Chambre, attend devant le Sénat l'heure de la discussion;

(1) Benoît Mâlon, *op. cit.*, t. II, p. 164.
(2) V. *Exposé des motifs d'une proposition de loi* présentée par M. Jouffroy, député, le 28 janvier 1895.

son adoption par la Chambre haute marquerait un pas décisif vers la réalisation de l'assurance sociale générale. Sans vouloir être prophète, on peut envisager comme certaines, et dans un avenir prochain, de grosses dépenses de ce fait. La seule application des lois existantes, notamment de la loi du 15 juillet 1905, réclame des sommes annuellement plus fortes : on estime que cette dernière exigera, à elle seule, pour l'année 1908, 70 millions (1). Que sera-ce quand les lois attendues seront votées (2) ?

En résumé, il existe en France, comme dans tous les pays, une tendance de plus en plus marquée à élargir les attributions de l'Etat, non seulement en développant dans d'énormes proportions certains services publics, tels que ceux de l'Instruction publique ou des Travaux publics, en créant de nouveaux ministères, ou du moins, de nouveaux services publics, tels que ceux de l'agriculture, du commerce, du travail, de l'hygiène publique, mais encore et surtout en réalisant la solidarité sociale par des subventions considérables, pour la retraite, l'assurance ou l'assistance des citoyens déshérités.

Mais l'interventionisme, le socialisme d'Etat, comme on l'appelle, se manifeste encore dans un autre domaine. Un mouvement très accentué emporte les gouvernements à multiplier les monopoles légaux, c'est-à-dire à rendre légaux les grands monopoles de fait : chemins de fer, mines, alcool, houille blanche, assurance, etc. (3). Or,

---

(1) Rapport général au nom de la Commission du budget de 1908 ; Mougeot, député.

(2) Ce mouvement est général et atteint tous les pays, même ceux du « self-help ».

(3) D'autres monopoles ont été proposés ces dernières années par le parti socialiste en vue de lutter contre des trusts puissants et de

ces monopoles peuvent être, soit directement régis, exploités par l'Etat, soit, au contraire, concédés, affermés. Dans le premier cas, ils grossissent le budget de tous les frais d'exploitation; dans le deuxième cas, ils ne grèvent en rien le budget des dépenses. En fait, le système de l'exploitation directe par l'Etat tend, de plus en plus, à se substituer au système de la concession, de l'entreprise ou de la ferme. C'est ainsi que pour la fabrication des monnaies, la loi du 31 juillet 1879 a substitué la régie à l'entreprise, que l'Etat, par la loi du 27 décembre 1889, a repris l'exploitation directe des allumettes, affermée depuis 1875 à une compagnie concessionnaire, et qu'il a racheté, en exécution de la loi du 16 juillet 1889, les réseaux exploités par la Société générale des téléphones. C'est ainsi encore qu'a été voté par la Chambre des députés le rachat du réseau de l'Ouest.

Nous n'avons pas ici à apprécier les avantages ou les inconvénients de cette politique, à louer ou à critiquer; mais nous devons constater que, de ce chef encore, les budgets de l'avenir seront grossis (1).

transporter à la collectivité « le bénéfice d'une exploitation monopolisée ne profitant qu'à une oligarchie de capitalistes syndiqués » : monopoles de la raffinerie du pétrole, du sucre, monopole des banques, etc. Ils n'ont pas encore fait l'objet d'études approfondies susceptibles de servir de base à des projets de lois.

(1) Ce nouvel accroissement des budgets ne sera pas une charge pour le contribuable, puisque au contraire les monopoles rapportent à l'Etat; d'aucuns voient même dans leurs produits le moyen de réaliser les réformes sociales. V. Alglave, « La réforme fiscale par le monopole de l'alcool », série d'articles parus en 1905, dans le journal le *Temps*. Foxwel, « Du développement des monopoles et leurs rapports avec les fonctions de l'Etat. » (*Revue d'économie politiques*, 1889, p. 457.) Bodin, « De la tendance des monopoles dans le mouvement économique actuel. » (*Revue d'économie politique*, 1894, p. 26.) Paul Pic, *Traité élémentaire de législation industrielle*. Introduction, pp. 7 et suiv. et titre I<sup>er</sup>, ch. V, n<sup>os</sup> 649 et suiv. Emile Bouvier, la *Municipalisation des services publics*, 1907.

# CHAPITRE IV

## Causes d'ordre politique (1).



Dans les budgets de la monarchie féodale, les dépenses militaires ne tenaient que fort peu de place. Le service d'ost, fourni par les vassaux, parait aux nécessités de la défense; mais avec les guerres lointaines, avec les croisades, avec les longues guerres de conquête, le service d'ost, essentiellement temporaire, ne fut plus suffisant, le roi dut se charger de l'entretien de nouvelles armées, qui gonfla les budgets de dépenses extraordinaires énormes; déjà, sous Philippe le Bel, nous les avons vu atteindre des sommes supérieures aux dépenses ordinaires. puis, la guerre devenant permanente, les armées le devinrent aussi et les dépenses consacrées aux armées cessèrent d'être extraordinaires pour devenir normales. Les

(1) On range souvent parmi les causes politiques d'augmentation des budgets l'accroissement de la dette publique, et, de fait, les sommes affectées aux arrérages de cette dette ont pris, surtout au cours du xix<sup>e</sup> siècle, un formidable développement. Mais ce n'est pas une cause première d'augmentation; elle est la résultante du manque d'équilibre entre les recettes ordinaires et les dépenses occasionnées par les *causes que nous examinons*, et, en particulier, par les guerres.

dépenses militaires furent, nous l'avons constaté, une des grosses causes de la progression des budgets de la monarchie absolue. Parties de 30 millions en 1609, elles étaient à 240 millions en 1715, et en 1786, elles dépassaient 325 millions.

Mais c'est surtout au cours du siècle dernier, que l'augmentation a été caractéristique. Après la liquidation de l'empire, elles dépassaient à peine 225 millions; elles devaient vite s'étendre, et M. Leroy-Beaulieu donne le tableau suivant pour les années postérieures :

| | |
|---|---|
| 1830. . . . . . | 323.980.000 fr. |
| 1847. . . . . . | 483.542.000 |
| 1868. . . . . . | 658.799.000 |
| 1876. . . . . . | 665.930.000 |
| 1887. . . . . . | 744.515.000 |
| 1891. . . . . . | 927.237.000 |
| 1899. . . . . . | 951.000.000 |
| 1903. . . . . . | 1.010.000.000 (1) |

Si on ajoutait à ces sommes les chiffres des pensions militaires, on arriverait à un total d'environ 1.200 millions, adopté par M. Alfred Neymarck (2). Ces dépenses militaires, depuis 1870, offrent une particularité remarquable, que mettait en relief M. Pelletan en 1889 (3) : « Il y a, dit-il, deux sortes de dépenses, les unes qui ne sem-

(1) V. Leroy-Beaulieu, *Science des finances*, t. II, p. 167. Les chiffres sont incomplets pour la période 1871-91 ; ils devraient être grossis d'une somme annuelle variable prélevée sur le budget extraordinaire et qui ne doit pas être très inférieure à 200 millions. Dans ces chiffres, ne sont pas compris non plus les dotations des pensions militaires.

(2) Alfred Neymarck, *Revue des sociétés, art. cit.*, novembre 1907.

(3) Rapport général au nom de la Commission du budget de 1899, par C. Pelletan, député.

blent guère être appelées à varier par leur nature, ont pour objet l'entretien et l'instruction de nos forces de défense, les autres se rapportent à la création de l'outillage de combat; les dernières peuvent changer du tout au tout, suivant qu'on a à mener à bonne fin ou qu'on a terminé la reconstitution d'une partie de l'armement. Eh bien! ce qui s'accroît dans des proportions considérables, c'est la première partie de ces dépenses; elle était de 550 millions en 1889; ce chiffre s'est successivement élevé à 565 et 598 millions et, à l'heure actuelle, malgré les réductions opérées par nous sur les chiffres proposés par nous, elle restait à 624 millions. » Et M. Messimy, rapporteur du budget de la guerre, faisait, l'an dernier, des constatations analogues.

L'augmentation des dépenses militaires est absolument générale; elle affecte tous les pays. En Russie, par exemple, la raison de la progression pendant ces trente dernières années est supérieure à celle accusée chez nous.

En 1880, les budgets de la guerre et de la marine réunis n'étaient que de 218 millions de roubles; en 1899, ils atteignaient 410 millions (1). De même, en Allemagne, en 1890, la somme des dépenses militaires atteignait 490 millions de marks; en 1898, elle dépassait 710 millions. De même, en Angleterre, qu'une situation exceptionnelle met à l'abri d'une politique de conquête, ces mêmes dépenses ont passé de 11 millions 1/2 de livres, en 1875, à 37 millions en 1898 (2).

Bien que considérables, ces chiffres restent encore

(1) V. *Economiste français*, 15 avril 1899.
(2) V. *Journal des économistes*, mars 1899, G. Moch, et Pelletan Rapport général cité.

incomplets; ils sont insuffisants pour manifester la part colossale qui revient à « l'esprit militaire » dans l'accroissement des dépenses publiques. Il ne faut pas oublier que la grosse source de la dette publique est la guerre. Si l'on voulait s'en rendre compte par un seul exemple, il suffirait de consulter le montant des arrérages payés avant la guerre de 1870 et de ceux payés en 1873, date à laquelle était à peu près effectuée la liquidation de cette guerre. La différence n'est pas inférieure à 700 millions de francs, représentant, au 5 %, un capital d'environ 15 milliards (1). A l'heure actuelle, le taux de l'intérêt a baissé, mais les 15 milliards dépensés représentent encore une annualité budgétaire de 450 millions. Pour grosse partie, la dette publique française provient d'emprunts faits dans le siècle pour payer des frais ou des indemnités de guerre. Dans nos budgets présents, « on peut estimer à plus de 2 milliards le total des dépenses ayant leur source dans le développement de l'esprit militaire, c'est-à-dire consacrées à payer les frais des guerres passées ou les préparatifs des guerres futures (2) ».

Abstraction faite des arrérages de la dette publique, la France dépense 1.200 millions par an pour son armée; telle est la conséquence du régime profondément antiéconomique de la paix armée. « Des dépenses aussi colossales ne sauraient être productives. Elles épuisent les sources de revenus des nations, contribuent à l'augmentation des impôts, paralysent le fonctionnement des

(1) Ce chiffre est celui avancé par M. Antonin Dubost, rapporteur général du budget de 1903, au Sénat; c'est également celui de M. A. Neymarck, *Revue des sociétés, art. cit.*, novembre 1907.

(2) Ch. Gide, *Traité élémentaire d'économie politique*, appendice, p. 615.

organes financiers du pays et arrêtent le développement
du bien-être général. Les meilleurs esprits de tous les
pays se sont appliqués de tout temps à trouver un moyen
d'assurer la paix autrement que par l'accroissement des
forces militaires, c'est-à-dire, sur les principes du droit
et de l'équité, en soumettant les différends entre nations
à l'arbitrage, de manière à mettre fin à cette théorie vraiment barbare, qui identifie la civilisation avec les perfectionnements toujours nouveaux apportés aux moyens de
destruction (1). »

Dans le but de mettre un terme à cette course aux
armements, si énergiquement flagellée par son ministre,
le czar Nicolas convoquait en 1899 la fameuse conférence
de La Haye. Il y voulait proposer la question du désarmement. Le projet était trop ambitieux pour l'époque et
les résultats ne répondirent pas à sa généreuse attente.
Le principe même de l'arbitrage fut repoussé. Mais,
depuis, l'idée semée a germé. Par le développement des
traités d'arbitrage entre nations (2), elle a pénétré la
mentalité internationale, si bien, qu'à la dernière conférence de la paix (août 1907), le principe de l'arbitrage
a été admis à la presque unanimité des nations représen-
tées. « Pour la première fois, a pu s'écrier Léon Bourgeois, nous avons entendu les battements du cœur de l'humanité. » C'est là, à coup sûr, un grand pas vers une
ère de paix par le droit, que ne réclament pas seulement
des considérations humanitaires et philanthropiques,
mais — et c'est ce côté de la question que nous envisa-

(1) Comte Mourawiev, *Messager officiel de Russie*, journal de
Saint-Pétersbourg (14-16 septembre 1898).
(2) Le point de départ est le traité franco-anglais (avril 1904).

geons ici — les intérêts économiques et financiers des peuples.

Il ne faudrait pourtant pas s'exagérer l'importance de cette première victoire des idées pacifiques. Certes, elle ouvre le champ aux plus larges espérances; elle peut solutionner nombre de conflits d'ordre secondaire ou même primordial, qu'enveniment parfois jusqu'à la rupture les froissements d'amour-propre et d'orgueil national; accordons même, si l'on veut, qu'en fait, elle est de nature à éviter la plupart des luttes à main armée de l'avenir, et, de la sorte, enrayer l'augmentation des dépenses qui se traduit dans la dette publique.

Mais, si réduites qu'en soient les chances, la guerre reste possible; elle plane encore sur le monde comme une menace réalisable. Le principe de la limitation des armements a été repoussé par la dernière conférence de la paix, et la simple discussion n'est pas allée sans difficultés.

Le monde entier reste en armes. Bien plus, tous les pays travaillent avec une inlassable ardeur à augmenter leur puissance offensive et défensive. Chaque jour nous apporte l'écho de la création de nouveaux bataillons, de l'invention de nouveaux engins de carnage. Des nations, jusque-là réfractaires, sont gagnées par la fièvre militariste. La grande république américaine ne réclamait-elle pas récemment, par la voix autorisée de son chef, une forte armée, qui déjà se crée ? L'extension des marines de guerre est si considérable qu'on pourrait se croire à la veille d'un conflit formidable, dont l'enjeu serait la maîtrise des mers ?

Notre pays suit le mouvement et, raisonnablement, il

ne peut agir d'autre façon. Devant les nations bardées de fer, prendre l'initiative d'un désarmement serait une criminelle folie. S'affaiblir pour éviter la guerre serait le plus sûr moyen de la susciter. Nous vivons d'ailleurs à une époque où la puissance économique ne va pas sans la puissance militaire. « La puissance défensive est une fonction de la productivité économique (1). »

On ne peut donc s'attendre présentement à la diminution de nos dépenses militaires. Les nécessités des rengagements rendus indispensables par le service réduit, comme les secours distribués aux familles nécessiteuses privées de leurs soutiens, font apercevoir des augmentations plus que suffisantes pour compenser les quelques économies pouvant résulter d'une légère diminution des effectifs, ou de sages réformes. D'autre part, le perfectionnement de l'outillage étant sans limite, il serait téméraire d'attendre de ce côté des dégrèvements.

A défaut de réductions budgétaires, peut-être pourrait-on demander que les sacrifices qui vont au soldat ne soient pas perdus pour le citoyen. L'armée, succédant à l'école, pourrait continuer son œuvre, la compléter, la parachever, puisque l'une et l'autre sont gouvernées par les mêmes directions. Serait-ce trop exiger des instructeurs militaires, que de leur réclamer de développer chez le soldat les qualités d'initiative, d'intelligence générale et de jugement nécessaires au citoyen moderne, de fortifier l'esprit d'altruisme et de solidarité si salu-

(1) Clémenceau, discours au Sénat, 5 février 1908, et M. Millerand, dans un discours prononcé au Congrès des travaux publics de Bordeaux, le 12 octobre 1907, s'écriait : « La puissance économique et la puissance militaire sont également et solidairement nécessaires à un peuple qui ne veut pas déchoir. »

taire pour des hommes astreints à vivre en une collectivité nationale et soumis par la force des choses à cette solidarité (1) ? Ce n'est pas vouloir détourner l'armée de sa grande mission, « car le soldat moderne a besoin, pour remplir convenablement sa tâche, d'être un citoyen doué de toute sa supériorité physique, intellectuelle et morale; il doit être un citoyen supérieur. Dans les guerres récentes, le soldat doué de bons sens, d'initiative, de robustesse a vaincu ». Chez nous, les instructeurs qui se sont attachés à cette méthode n'ont pas eu à s'en repentir.

Dans la lutte économique entre nations, la victoire est aux races intelligentes, énergiques, vigoureuses, capables d'efforts. Le service militaire peut puissamment contribuer à l'éclosion de ces qualités sur notre sol, et récompenser ainsi la nation des sacrifices toujours plus lourds qu'elle s'impose.

### SECTION DEUXIÈME. — Gestion défectueuse des intérêts publics.

Le but des dépenses publiques est de permettre le fonctionnement des services publics; l'idéal, pour l'État, serait d'assurer la bonne marche de ceux-ci, avec le minimum de déperdition de forces pécuniaires, et à la base de tout programme financier sérieux, devrait figurer l'élimination impitoyable des dépenses inutiles.

L'ancien régime ne connut qu'à de fort rares intervalles cette gestion économe des deniers publics. Les

---

(1) V. la réciproque de cette idée développée par M. P. Baudin, dans « Préparation au service militaire » (l'*Education physique*, pp. 54 et suiv.).

rois féodaux, cependant, vivant comme de simples seigneurs du produit de leurs revenus domaniaux, apportèrent dans l'administration de leurs finances cette
sagesse prévoyante dont on a coutume d'entourer ses
propres affaires (1); mais à mesure que la royauté deve-
nait plus forte et plus absolue, les dépenses inutiles, les
gaspillages prenaient un formidable essor : au XVI° siècle,
les détournements n'étaient pas inférieurs au tiers du
budget total (2). Sully, Colbert, le cardinal Fleury,
essayèrent d'en arrêter le développement. Les résultats
obtenus, considérables quoique incomplets, ne leur sur-
vécurent pas et le budget de 1786 trahit des déperditions
financières considérables (3). Avec la déplorable maxime
du « secret des finances », avec le système absolutiste des
acquits de comptant rendant absolument illusoire le contrôle de la Cour des comptes, il n'en pouvait être autrement. En matière financière, le désordre est inséparable
du secret, et l'abus de l'absence de contrôle.

Les principes nécessaires de publicité et de contrôle
furent proclamés par la Révolution; mais les principes
ne suffisent pas; ils ne peuvent produire d'effets utiles
que dans l'ordre et la clarté; c'est d'ailleurs la destinée
des révolutions, de libérer l'avenir en engageant le présent.

Avec le Consulat et l'Empire commencent des méthodes meilleures, paralysées par les effets des guerres con-

(1) « ... et la frugalité de nos rois aux XI° et XII° siècles
était grande... telle, qu'ils se contentaient de trois plats et qu'ils
ne buvaient point d'autres vins que celui récolté dans leurs vignes...»
Brussel, *op. cit.*, t. I, p. 405.
(2) V. I⁰ partie, p. 76.
(3) V. I⁰ partie, p. 108.

tinuelles; et il faut arriver à la Restauration et surtout à la monarchie de Juillet pour constater un véritable contrôle national et une politique sage et économe d'élimination des abus financiers. Le second Empire lui fera subir un instant de recul et elle se poursuivra à nouveau avec l'Empire libéral et la troisième République.

Cependant, tout n'est pas fait dans cet ordre d'idées, et de nombreuses économies restent à réaliser et, même à en croire certains auteurs et certains publicistes, les dépenses inutiles suivraient actuellement une courbe ascensionnelle par le fait même de l'extension de l'esprit démocratique. Les déperditions de forces proviennent plus spécialement de deux sources principales : *a*) le mauvais emploi des crédits budgétaires; *b*) le développement excessif du fonctionnarisme, auxquelles nous ajoutons les méthodes onéreuses d'emprunts.

### § 1. — *Mauvais emploi des crédits budgétaires.*

Le mauvais emploi des sommes mises par l'Etat à la disposition des différents ministères est particulièrement frappant en matière de travaux publics. Nous ne voulons pas ici nous demander si le développement des travaux publics a été excessif; le travail national rémunère avec largesse les sacrifices faits pour le mieux outiller; mais après beaucoup d'autres, nous voulons constater qu'on a dépensé trop pour obtenir trop peu.

Trop souvent — et ceci est peut-être un écueil plus particulièrement menaçant pour les pays à régime démocratique — les travaux publics sont effectués pour donner satisfaction à des influences locales au détriment des grands intérêts nationaux. Les intérêts électoraux dispersent trop souvent l'effort financier de l'Etat dans des directions multiples; de la sorte, chaque circonscription peut paraître n'être pas oubliée; mais cette dispersion des crédits empêche qu'en un point on puisse appliquer une somme suffisante pour couvrir en entier les frais d'exécution d'un travail déterminé. « La cherté en est la conséquence, car un travail est d'autant plus onéreux qu'il traîne davantage (1). » « Il est, en effet, très coûteux, dit M. Krantz, de prolonger la durée d'exécution d'un travail. Cette lenteur est un inconvénient de l'extrême dispersion de nos efforts (2). »

### § 2. - - *Perception onéreuse des ressources budgétaires extraordinaires.*

Si nous mettons à part les emprunts destinés, il y a quelques années, à payer les frais de nos grands travaux publics, où les titres de rente ont été vendus directement à la Bourse au fur et à mesure des besoins; si nous exceptons le fameux emprunt de souscription consécutif à la guerre de 1870, nous constatons que l'immense majorité des emprunts d'Etat se sont faits par intermédiaires.

(1) De Lasteyrie, rapport du budget des travaux publics, 1898.

(2) Krantz, rapport général du budget de 1897, à la Chambre des députés, et Buyat, rapport du budget des Beaux-Arts, 1908. « ... Faut-il quelques millions pour venir à bout d'une construction, on vote 300.000 francs, et le système des petits paquets ne réussit pas mieux sur les chantiers que sur les champs de bataille. Les travaux s'éternisent et on assiste à ce spectacle plein de saveur qu'on procède à des réparations d'entretien de ce qui a été construit: »

L'Etat traite avec de grosses maisons de banque qui lui fournissent l'argent nécessaire à un prix débattu; c'est là une façon d'opérer extrêmement onéreuse. Le crédit d'une banque, quelle que soit sa puissance, est inférieur au crédit de l'Etat français. M. Godefroy Cavaignac, en 1892, constatait déjà ce vice de méthode et M. Caillaux s'écriait, en 1899, à la tribune de la Chambre : « Je ne connais rien de plus onéreux pour le trésor que l'habitude prise au courant de ce siècle d'emprunter perpétuellement par des intermédiaires, plutôt que de s'adresser directement au public selon les conditions du crédit de l'Etat. » Les concessions que nécessitent ces procédés ont grevé la dette publique d'un supplément inutile qu'on aurait pu éviter (2).

### § 3. — *Développement excessif du fonctionnarisme et vices des administrations.*

Le nombre des fonctionnaires a passé de 188.000, en 1846, à 416.000, en 1896, c'est-à-dire a beaucoup plus que doublé en un demi-siècle, et, depuis lors, la progression, loin de se ralentir, s'est encore accentuée (3) .

(1) Cavaignac, rapport général du budget de 1892, et Caillaux, discours, séance de la Chambre, 21 novembre 1899.

(2) Nous ne parlons pas de la perception des revenus ordinaires, bien que nombre de propositions destinées à la rendre moins onéreuse aient été faites. On a proposé, notamment, l'intermédiaire de la Banque de France; nous ne croyons pas à la possibilité de cette réforme radicale, d'autant moins que la transformation de nos impôts directs est de nature à en rendre l'assiette plus difficile à établir et la perception plus délicate.

(3) Georges Michel, l'*Économiste français*, 12 novembre 1898. M. Jeanneney, député et rapporteur du projet de loi sur le « statut des fonctionnaires », évalue le nombre des fonctionnaires, en 1908, à 850.000. Ce chiffre n'est que difficilement comparable avec ceux de M. Georges Michel, par suite de la différence de compréhension de la notion de « fonctionnaire » dans ces deux évaluations.

Nous nous gardons de prendre ces chiffres dans leur sens apparent; car, dans cette progression il faut tenir compte d'un phénomène sociologique que nous avons signalé : l'extension des attributions de l'Etat et le développement des services publics, nécessitant par voie de conséquence un accroissement de fonctionnaires.

Néanmoins, malgré ces réserves, il y a en France trop de fonctionnaires (1). Les mêmes services pourraient être rendus aux citoyens avec moins d'emplois et, par suite, avec moins de dépenses. En réclamant des employés plus de labeur, plus d'initiative et d'assiduité, on pourrait facilement en réduire le nombre, sans que les services publics aient à en souffrir (2). D'autre part, bien que l'amélioration des traitements de certaines catégories d'agents soit une mesure désirable et commandée par la plus élémentaire humanité (3), il n'en reste pas moins vrai que vouloir améliorer ceux de tous, indistinctement, constitue une politique très onéreuse et très préjudiciable à la masse des contribuables. Trop souvent, des augmentations de crédit sont demandées et votées sans grands discernements, un peu suivant les hasards et les exigences d'une clientèle plus ou moins impatiente. Le recrutement n'est cependant pas difficile à assurer; la maladie « du fonctionnarisme » est trop commune en France pour qu'il soit besoin d'insister. D'un autre côté,

(1) « Les fonctionnaires deviennent trop nombreux. » (Ribot, discours prononcé à la tribune de la Chambre des députés, le 13 février 1908.)

(2) Sans vouloir faire de cette constatation une arme de combat contre l'interventionisme, il faut reconnaître que certaines administrations ne brillent pas par l'activité.

(3) Facteurs des postes, cantonniers, etc.

malgré des récriminations particulièrement vives à certaines époques, la suppression des fonctions inutiles reste
un article de programme. Et cependant, ces fonctions
abondent, les rouages inutiles ne manquent pas. « Il n'est
pas de ministère où des économies ne soient possibles »,
s'écriait à la tribune du Sénat, le 22 décembre 1903,
M. Antonin Dubost, rapporteur général du budget (1). »

Les causes de cet état de choses sont multiples. Et
d'abord, aucune règle fixe ne détermine le nombre, ni
les appointements des employés. Il dépend de chaque
nouveau ministre de changer, par un décret, l'organisation des services, de créer, de supprimer, de dédoubler
les directions, augmenter le nombre des employés, modifier le chiffre des traitements. En Angleterre, comme en
Italie, il faut, au contraire, pour la création d'un emploi
nouveau, soit une loi, soit l'inscription préalable d'un
crédit spécial dans les *Estimates* ou évaluations de dépenses. On a proposé en France une pareille législation;
on ne peut qu'en souhaiter l'adoption (2).

Enfin, il est une autre cause plus profonde et plus

(1) A signaler tout spécialement les rapports des budgets de la
guerre et de la marine (Messimy, 1908; Michel, 1907). Poincaré,
rapport général, Sénat, 1908. V. également: « Economies exposées
et discutées chapitre par chapitre », dans les numéros des 4, 11 et
18 mars 1899 de l'*Economiste français*, par Leroy-Beaulieu. Turquan, *Economiste français*, 1er juillet 1899. Cucheval-Clarigny,
*Revue des Deux Mondes*, 15 septembre 1886 et 15 août 1887. Vi-
comte d'Avenel, *Revue des Deux Mondes*, 1er mars 1888. Georges
Michel, *Economiste français*, 12 mai 1898, etc.

(2) Proposition de loi présentée par M. Boudenoot, député, le
11 février 1896. Cette même proposition a été reprise avec quelques
additions de détail dans une proposition du 23 juin 1898, signée par
MM. Boudenoot, Caillaux, Graux, J. Roche, Paul Beauregard et
soixante-dix de leurs collègues.

générale, s'appliquant, celle-ci, à l'ensemble des dépenses inutiles et donnant lieu aux accusations signalées contre l'esprit démocratique.

Beaucoup de parlementaires ont une conception singulièrement fâcheuse de leur mandat. Ils se considèrent moins comme les représentants de la nation tout entière, chargés d'en soutenir les grands intérêts, que comme mandataires des électeurs qui les ont nommés; et ils envisagent comme leur principal devoir d'en satisfaire les besoins particuliers. C'est là, il faut le reconnaître, un écueil menaçant plus particulièrement les démocraties, où toute autorité vient du suffrage universel, où toute fonction s'appuie sur lui, et les pays qui ont eu le plus à souffrir de ces récentes méthodes de gestion des intérêts publics sont ceux où le souffle démocratique a davantage pénétré les institutions et les esprits : l'Amérique et la France tiennent la tête (1).

Chaque année, en France, la discussion du budget donne le spectacle de ces gaspillages inconsidérés, et le

(1) Cet esprit de surenchère démagogique se traduit en partie par l'augmentation du chiffre des pensions civiles. Sitôt les trente ans de services terminés, les fonctionnaires sont mis à la retraite pour faire place à d'autres qui « attendent et qu'il faut caser ». De la sorte (rapport du budget de l'Intérieur de 1899, par M. Bérard), l'âge de la retraite a passé, en dix ans, de soixante ans et cinq mois à cinquante-sept ans et sept mois. Une étude approfondie de M. Turquan (*Economiste français*, 1er juillet 1899) donne les résultats suivants pour le chiffre des pensions par tête d'habitants dans les différents pays:

Etats-Unis, 10 francs; France, 6 francs; Angleterre, 4 fr. 50; Espagne, 3 fr. 50; Allemagne, 3 francs; Italie, 2 fr. 60; Autriche-Hongrie, 2 francs; Russie, 1 franc.

On ne peut dire qu'il y ait là une conséquence du socialisme d'Etat, puisque l'Angleterre et l'Amérique sont précisément les pays du « self-help ».

mal est singulièrement aggravé, quand la Chambre se trouve à expiration de mandat : « Par une véritable aberration qu'explique le souci de plaire à l'électeur, les députés réclament des réductions dans l'ensemble et des augmentations en détail. » Chacun d'eux a sa petite clientèle à satisfaire, et peu ont le courage de lui résister.

Léon Say signalait déjà le danger en 1882 : « L'ardeur de l'initiative est toujours aussi vivace, toujours prête à distribuer largement les fonds du trésor en traitements, retraites, subventions, indemnités... Il y a là une sorte de course aux dépenses et les députés sont toujours prêts à donner le signal du départ. »

Cette ardeur se manifeste surtout par le dépôt d'amendements à la loi budgétaire. Surtout en fin de législature, on dépose et fait voter des résolutions, purement électorales, dont l'effet désastreux est de détruire l'équilibre budgétaire.

Différents remèdes ont été proposés. Un premier consisterait à exiger un certain nombre de signatures pour chaque amendement; un deuxième aurait pour objet d'instituer, en cette matière, le scrutin secret, afin de mettre les députés à l'abri de la vindicte de leurs électeurs.

Enfin, on a préconisé la fixation d'une date, après laquelle les amendements ne pourront plus être déposés. Cette dernière proposition a fait l'objet d'un vote de la Chambre, où, sur la présentation de M. Rouvier, la résolution suivante a été adoptée :

« Aucun amendement tendant à augmenter les dépenses ne peut être déposé après les trois séances qui suivent la distribution du rapport où figure le chapitre visé. »

Elle est complétée par une deuxième résolution proposée par M. Berthelot :

« Il est défendu de proposer des augmentations de traitements, d'indemnités, de pensions, de créer de nouveaux services ou de nouveaux emplois sous forme d'amendements au budget (1). »

Ces mesures sont encore trop récentes pour qu'on en puisse bien juger les effets. Elles constituent une limitation assez étroite du droit d'amendement budgétaire. On ne peut que s'en applaudir et souhaiter qu'elles ne soient qu'une première étape vers une réforme plus radicale et plus complète : la suppression totale de l'initiative parlementaire en matière de finances, comme en Angleterre, où l'initiative budgétaire est enlevée à la Chambre des communes (2).

Ce serait le moyen d'enrayer le flot montant des dépenses inutiles, que, chaque année, les députés déversent dans les budgets; mais, par elle-même, elle ne pourrait suffire à faire disparaître celles qui s'y trouvent.

L'élimination des dépenses inutiles nécessiterait de longs efforts : il faudrait porter le fer rouge au sein des administrations, en réprimer les abus et le coulage (3),

---

(1) Ces deux résolutions font partie du règlement intérieur de la Chambre des députés et elles ne sont valables que pour elle (16 mars 1900).

(2) Et *a fortiori*, à la Chambre des lords. V. *Histoire constitutionnelle de l'Angleterre*, par sir Ernskine May, p. 604.

Cette suppression était déjà désirée par Gambetta, et elle a été préconisée par Léon Say, Deschanel, Jules Roche, Boudenoot et nombre de parlementaires.

(3) L'abus le plus criant est celui des crédits supplémentaires qui atteignent une moyenne annuelle de 180 millions (P. Leroy-Beaulieu, *Economiste français*, « Notre ménage national », 9 novembre 1907). La faute en est pour partie aux administrations qui ont

supprimer les fonctions inutiles, simplifier les rouages trop compliqués, en un mot, réaliser cette tâche, à laquelle le distingué rapporteur du budget de 1904, M. Antonin Dubost, conviait ses collègues. On pourrait ainsi, par une volonté persévérante, opérer un allègement que M. Dubost n'évalue pas à moins de 200 millions et que M. Leroy-Beaulieu estime pouvoir atteindre le chiffre plus considérable encore de 250 à 300 millions (1).

Cette œuvre féconde demanderait, pour sa réalisation, de meilleures méthodes de préparation, de vote et de contrôle budgétaires. Elle réclamerait chez nos représentants l'énergique volonté du bien public, dégagée de toute ambition et de toute crainte électorales. Elle serait, d'ailleurs, grandement facilitée par la substitution du scrutin de liste départemental au scrutin uninominal d'arrondissement. « Agrandir les collèges électoraux serait, suivant les paroles de M. Ribot, le seul moyen de faire prévaloir les intérêts généraux sur les misérables questions de personnes, sur les intérêts égoïstes, sur toutes les petites intrigues qui obscurcissent la notion de l'intérêt général. »

Ceci serait encore insuffisant. Une meilleure éducation politique du pays, une vision plus distincte des intérêts nationaux chez les électeurs, seraient seules capables d'amener l'achèvement de cet ensemble de réformes.

une trop grande facilité à les solliciter. Il y a là un coulage regrettable, anéantissant l'exactitude budgétaire et rendant croissante l'augmentation des dépenses. Le remède serait dans une préparation plus complète, plus sérieuse du projet de budget, dans un contrôle plus sévère de son exécution. Les lois de compte paraissent à des intervalles beaucoup trop éloignés des faits qu'elles contiennent et passent inaperçues.

(1) Rapport général, budget 1904, par M. Ant. Dubost, sénateur. Leroy-Beaulieu, *Economiste français*, mars 1899, *art. cit.*

# CHAPITRE V

## Causes qui ont ralenti la progression.

Nous venons de parcourir les sources générales d'augmentation des dépenses budgétaires; elles auraient été de nature à produire des effets plus formidables encore, si leur action n'avait été diminuée par certaines causes d'allègement. Insuffisantes pour changer le sens de la progression, elles on ont du moins ralenti la marche.

### § 1. — *Economies sur l'ensemble du budget.*

Les économies, sous l'ancien régime, ont été trop rares et trop éphémères, pour qu'on en puisse faire mention. Leurs effets momentanés n'ont affecté que les budgets de Sully, Colbert et Fleury; elles ont été, si l'on veut, des causes passagères de diminution; mais on ne saurait les ranger dans les causes générales de ralentissement.

Au xix<sup>e</sup> siècle, la politique d'économie a eu des effets féconds et durables : « L'évaluation en est singulièrement difficile, et il faut renoncer à connaître leur montant exact, tout en reconnaissant qu'il a dû atteindre, au courant de ce siècle, des chiffres très considérables (1). »

(1) V. Cochery, *Exposé des motifs du projet de budget de 1897.*

En 1896, M. Krautz constatait, dans un tableau que l'énergique et persévérante volonté du Parlement avait abouti à un ensemble de mesures, dont les conséquences budgétaires, depuis 1883, se traduisaient par plus de 400 millions. Il y a eu là une digue, qui, sans arrêter le flot montant des dépenses, en a du moins ralenti la trop rapide ascension (1).

En dehors du Parlement, certaines réductions ont été la conséquence de phénomènes économiques incontestables. Les progrès industriels ont lutté contre la hausse des salaires et des produits. L'Etat fabricant a bénéficié des perfectionnements et des simplifications dans l'outillage; l'Etat débiteur a vu ses budgets dégrevés de la diminution du prix de revient des marchandises qu'il utilise.

Enfin, l'engouement avec lequel on s'est jeté, en France, vers les emplois administratifs, a contrebalancé la hausse générale des traitements, et encore, nous l'avons vu, on n'a pas su tirer parti de cette course vers le fonctionnarisme, pour opérer toutes les réductions qu'elle eût rendues possibles.

### § 2. — *Economies sur la dette publique.*

Sous l'ancien régime et la Révolution, on disposait d'un procédé extrêmement commode pour alléger les

(1) Les réductions caractéristiques sont celles opérées sur les frais de perception. Les frais de régie relatifs aux contributions directes, à l'enregistrement aux douanes, aux contributions indirectes, représentaient, en 1822, 9 % de la recette; en 1875, ils n'absorbaient plus guère que 4 % de celle-ci, et depuis, il y a encore eu baisse de la proportion. V. Nicolas, *op. cit.*, tableau n° 14, p. 233.

charges résultant de la dette publique : c'était la banqueroute (1). Abstraction faite de la question d'honnêteté et
en se plaçant sur le terrain strict des intérêts de l'Etat,
il y avait là une méthode déplorable. On pouvait décharger momentanément les budgets; mais le profit en était
moindre qu'il ne paraît de prime abord, puisque le crédit
de l'Etat, lamentablement diminué, rendait les conversions impossibles et les emprunts futurs infiniment onéreux. Le XIXᵉ siècle, heureusement, n'a pas eu à enregis-
trer de pareilles mesures, et cependant, les arrérages de
la dette publique ont été notablement diminués. A cette
fin, deux opérations ont été employées : les conversions
et l'amortissement.

## A. — Les conversions

La conversion est intimement liée à deux conditions
primordiales : l'affermissement du crédit de l'Etat et la
baisse de l'intérêt. Au cours de la période que nous avons
examinée, le taux de l'intérêt a considérablement baissé,
et sous l'ancien régime, les conversions auraient pu être
nombreuses, si l'absence de crédit n'avait obligé les gouvernements à recourir à la banqueroute. Un siècle d'in-
discutable probité financière et de respect aux engagements contractés ont rendu ce crédit très solide, et au
cours du XIXᵉ siècle, les conversions ont été loyales et

(1) On a employé le système du visa. Sous couleur de *reviser* les
dettes de l'Etat, on les supprimait purement et simplement. D'un
autre côté, on suspendait pendant un temps déterminé le paiement
des arrérages. Ces différents procédés de banqueroutes ont été employés, notamment en 1587, 1614, 1637, 1638, 1648, 1660, 1710, 1713,
1715, 1721, 1726, 1759, 1770, 1771, 1792.

nombreuses. Elles ont allégé sensiblement le fardeau de la dette. D'après M. Mougeot, elles ont procuré au trésor une économie annuelle, qui se chiffre actuellement par 160 millions en chiffres ronds, dont 136 depuis 1883 (1).

Bien que notre rente 3 % perpétuelle soit tout entière convertible à dater de 1911, le relèvement du taux de l'intérêt au-dessus de 3 %, qui se produit dans le monde entier, ne permet guère d'espérer que de nouvelles conversions soient prochainement possibles.

### B. — L'AMORTISSEMENT

Le procédé est peu en honneur en France; malgré l'organisation d'une caisse d'amortissement en 1749 (2), on peut dire que les effets en furent à peu près nuls sous l'ancien régime, et le siècle dernier même n'a obtenu, par ce moyen, que de bien faibles résultats, surtout si on les compare à l'œuvre accomplie en d'autres pays (3).

(1) V. rapport Mougeot, au nom de la Commission du budget de 1908. Leroy-Beaulieu, *Traité de la science des finances*, t. II, pp. 523-526, et *Economiste français*, samedi 16 octobre 1907, « Notre ménage national » (suite). V. également Raffalovich, le *Marché financier en 1893*, pp. 381 et suiv. Mathieu-Bodet, les *Finances françaises*, de 1870-78, t. I, pp. 166 et suiv.

(2) Cette caisse d'amortissement reçut une dotation particulière qui ne fut d'ailleurs que fort peu consacrée à amortir, Clamageran, *op. cit.*, t. III, p. 303.

(3) En Angleterre, le montant de la dette, évalué à 21 milliards en 1837, n'était plus que de 16 en 1897 (depuis lors les affaires du Transvaal ont déterminé une nouvelle augmentation). Aux Etats-Unis, le capital de la dette a passé de 2.046.455.000 dollars, en 1870, à 585.029.000, en 1892 (depuis, il y a eu également accroissement par suite de la politique impérialiste; en 1897, le capital était de 847.367.000 dollars). Même phénomène en Hollande, où la dette

Dans son rapport effectué au nom de la commission du budget de 1899, M. Pelletan évalue à 4 milliards environ l'amortissement total effectué par le gouvernement de la République, de 1871 à 1899; mais de 1875 à 1894, on a emprunté pour 6.634.281.000 francs; dès lors, il semble qu'il y ait là un simple jeu d'écriture, dont le principal inconvénient est de coûter fort cher à l'État.

Cependant, M. Caillaux estime que, dans ces dernières années, on a renoncé aux emprunts continus, et il évaluait le montant de la dette perpétuelle en 1899 à 550 millions de moins qu'en 1895. Peut-être ne faut-il pas prendre ces chiffres à la lettre. La dette flottante remplit le rôle de tampon, et son augmentation fait le contre-poids des amortissements, nonobstant la diminution de la dette perpétuelle. « L'expérience de ces dernières années prouve que les amortissements portés à nos budgets, et qui sont en général de 65 à 80 millions de francs, sont presque toujours absorbés par des déficits budgétaires et, par conséquent, restent purement nominaux (1). »

Pour être effectif, l'amortissement réclame des budgets réellement équilibrés, et cet équilibre n'est possible qu'avec des crédits additionnels restreints. Si la suppression de ceux-ci est pratiquement irréalisable, du moins, de meilleures méthodes de préparation, de discussion et

___

était de 3.600 millions en 1814, et de 2 milliards en 1870. V. Leroy-Beaulieu, *Science des finances*, t. II, p. 493. *Bulletin de statistique et de législation comparée*, avril 1899, p. 398.

(1) Leroy-Beaulieu, *Economiste français*, *art. cit.*, 16 novembre 1908. V. également Poincaré, rapport général du budget de 1908 au Sénat. Dans le budget de 1908, on a inscrit l'amortissement d'une seconde série de rentes 3 %, de la sorte, la dotation de l'amortissement a été augmentée de 23.793.347 francs.

de contrôle budgétaires pourraient grandement les réduire. L'efficacité des amortissements reste donc subordonnée à l'application de ces méthodes (1).

§ 3. — *Abandon de services publics par l'Etat.*

a) *Mesures décentralisatrices.* — Sous l'ancien régime, il n'en faut pas parler. L'évolution historique accuse, au contraire, les progrès constants de la centralisation. Mais, au cours du XIX⁰ siècle, parti d'une centralisation extraordinairement accentuée, la plus forte que la France ait jamais connue (2), ces mesures ont été nombreuses. La nécessité de dégonfler un budget absorbant toute l'activité sociale de la nation a conduit à la décentralisation. Les budgets des départements créés par les lois du 28 messidor an IV, 2 frimaire an VII, 28 pluviôse an VIII, ont été largement développés par l'arrêté des

(1) Peut-on faire fonds, pour les amortissements futurs, comme on l'a souvent fait remarquer, des disponibilités qui résulteront de l'exploitation par l'Etat des monopoles et notamment des voies ferrées? Ce serait peu légitime; il s'agit d'abord de ressources futures, et par suite incertaines; en outre, d'ici là, il faut prévoir de grosses sources de dépenses nouvelles, capables d'absorber les bénéfices de ces exploitations.

Il ne faut pas oublier que, même en cas de rachat des voies ferrées, les bénéfices de l'exploitation ne seront acquis complètement à l'Etat qu'à dater de l'expiration des concessions. Jusque-là, ces bénéfices iront en totalité, ou du moins pour la plus grosse part, aux compagnies dépossédées sous forme d'annuité. Or, cette expiration est encore lointaine, puisqu'elle s'échelonne ainsi :

Nord, 31 décembre 1950; Est, 30 novembre 1954; P.-L.-M., 31 décembre 1955; Orléans et Ouest, 31 décembre 1956; Midi, 31 décembre 1960.

(2) Constitution de l'an III (lois du 14 frimaire an II et 19 fructidor an II).

consuls du 25 vendémiaire an X, les lois de 1833, 1838, 1866, et enfin 10 août 1871 ; pour les budgets des communes, le même résultat a été obtenu par les lois de pluviôse an VIII, de 1831, 1855, 1871, 1874, 1876 et 5 avril 1884. Depuis lors, le mouvement s'est encore accentué. La mise en application des lois sociales ne grève pas seulement le budget de l'Etat, mais elle a de grosses répercussions sur les budgets des personnes administratives secondaires. Chaque année, la liste des dépenses obligatoire s'allonge et les budgets des départements et des communes s'élèvent à près de 1 milliard 1/2 ; sans les mesures décentralisatrices, si l'Etat avait continué à englober dans ses finances l'ensemble des dépenses publiques, cette somme grèverait d'autant son budget (1).

b) *Abandon par l'Etat, à l'initiative individuelle, de services salariés par lui.* — C'est là un phénomène extrêmement rare. L'évolution pousse, au contraire, vers l'étatisme, et il faut arriver à la loi du 5 décembre 1905 pour en trouver un exemple de quelque importance. La

(1) La décentralisation n'est légitime qu'autant qu'elle a pour objet de mettre entre les mains des organismes régionaux l'administration des intérêts locaux. Elle devient, au contraire, injustifiable quand elle met seulement à la charge de ces organismes des dépenses intéressant le pouvoir central, inhérentes aux services que celui-ci continue de régir. Il convient de constater que c'est cette deuxième forme que revêt la décentralisation depuis vingt-cinq ans. C'est de la décentralisation factice, de trompe-l'œil, n'ajoutant rien aux libertés locales, au contraire. Le seul but est de masquer les conséquences de certaines lois en disséminant les obligations pécuniaires qui en résultent. Ajoutons que ce mouvement fâcheux est extrêmement général et se constate dans tous les pays. (Cours de droit public professé par M. Lameire, Faculté de Lyon, 1905-1906, et Leroy-Beaulieu, *Economiste français*, novembre 1907, « Les Finances communales ».)

dotation des cultes, au lieu d'exiger, comme il y a vingt-cinq ans, une cinquantaine de millions, n'en exige plus que quelques-uns, et même, dans un laps de temps assez court, le dégrèvement sera complet.

Il est difficile de prédire l'avenir; mais en face des progrès de l'interventionisme, on ne peut guère compter sur l'abandon des services publics à l'initiative individuelle, pour diminuer les budgets. Peut-on attendre davantage des mesures décentralisatrices ? Pour beaucoup, la question n'est pas douteuse et la décentralisation reste la grande source des économies futures. Nous ne croyons pas, pour notre part, à de si merveilleux effets. La fausse décentralisation, qui consiste à faire passer aux frais des départements et des communes les charges de services restant régis par l'État, est déplorable; or, c'est cette forme que revêtent les mesures décentralisatrices actuelles, et à ce point de vue, il est bon de remarquer (v. note 1, p. 166) que le phénomène se produit seulement pour les dépenses nouvelles; en d'autres termes, on peut attendre de ces mesures une atténuation de la progression des budgets futurs. Raisonnablement, on n'en peut faire une cause de dégrèvements.

La décentralisation véritable, plus logique et plus franche, est-elle de nature à produire de meilleurs résultats ? Il est permis d'en douter : outre qu'elle n'apporterait pas de véritables soulagements aux contribuables, elle aurait pour conséquence d'entretenir, multiplier les inégalités, en imposant les mêmes charges à des régions dont la puissance contributive peut infiniment varier. C'est précisément au nom des idées d'égalité que se fait la nouvelle croisade contre nos impôts actuels. Singulière politique que celle qui se servirait de l'égalité pour accentuer les inégalités !

Les mesures décentralisatrices viendraient, d'autre part, se buter à des difficultés colossales; elles ont, comme préliminaire obligatoire, la modification des circonscriptions territoriales. Avant de modifier, il faudrait liquider. Les départements doués depuis un siècle de la personnalité morale, sujets actifs et passifs de droits, ont des situations extrêmement complexes : leur liquidation donnerait lieu à d'inextricables et interminables opérations.

Le mouvement décentralisateur est contradictoire. En augmentant les attributions des départements, on rend plus impossibles leurs modifications. Des exemples récents nous prouvent combien est difficultueuse la liquidation des personnes morales. On a, il est vrai, le précédent de la Constituante; mais il ne faut pas oublier que les pays d'Etat occupaient à peine le quart du territoire et qu'on était en révolution. La liquidation des personnes administratives se fait en temps de révolution, elle ne se fait pas en temps normal.

Les mesures décentralisatrices ne sont donc pas, croyons-nous, de nature à soulager les finances de l'Etat et ce n'est pas de ce côté qu'il faut attendre encore une diminution de ses budgets.

# CONCLUSION

Nous venons de passer en revue l'ensemble des causes
qui, dans le passé, ont contribué à l'accroissement des
budgets, et nous avons particulièrement insisté sur leurs
caractères présents et la probabilité de leur action dans
l'avenir. Nous voudrions, dans un bref aperçu synthé-
tique, dégager la conclusion générale qui en résulte, en
examinant la question suivante :

Pouvons-nous espérer une diminution des budgets de
demain ?

Jusqu'à ce jour, les causes d'accroissement l'ont em-
porté sur celles d'allègement. Nous ne croyons pas qu'un
changement soit à envisager de sitôt. Les attributions
de l'État, sous la poussée de l'opinion, vont sans cesse
en se multipliant, en se développant; chaque jour, l'interventionisme gagne du terrain dans le domaine des
applications pratiques et réclame des ressources crois-
santes.

D'autre part, malgré les heureux progrès des idées
pacifiques, malgré le large horizon de paix ouvert par
certaines dispositions internationales récentes, l'heure
qui doit marquer l'arrêt des dépenses militaires n'a pas

encore sonné; au contraire, la course aux armements s'accélère, de nouvelles charges sont à envisager et l'espoir des diminutions reste à échéance lointaine.

Il y a là deux sources énormes d'accroissement, que la réalisation même entière des économies possibles serait impuissante à contrebalancer. L'application stricte du principe de solidarité sociale peut à lui seul exiger plus d'un milliard (1); les réformes possibles, même toutes conduites à terme, ne sauraient dégager plus de 2 à 300 millions. De plus, ces économies sont subordonnées à un ensemble de conditions, dont l'accomplissement, bien qu'infiniment désirable, n'est rien moins que prochain. Sans doute, la recrudescence des dépenses inutiles, qui a coïncidé avec le développement des institutions démocratiques n'est pas fatale, inhérente au régime, et nous ne la considérons pas comme une cause d'augmentation dans l'avenir. Mais, en constatant qu'elle est due surtout au manque d'éducation politique et financière du pays, nous assignons à sa disparition, ou tout au moins aux économies qui en seraient la conséquence, une date éloignée. « Ce qu'il faut obtenir, c'est l'amélioration du citoyen et la formation d'une opinion publique éclairée, agissante, irrésistible (2). » Cette œuvre si nécessaire

(1) La Commission sénatoriale des retraites ouvrières a évalué, sans être contredite, la charge annuelle qui résulterait du projet voté par la Chambre à 228 millions dès l'origine, pour s'élever ensuite à 545 millions au moment où le maximum serait atteint, puis redescendre à 425 millions pendant la période constante. (Discours prononcée par M. Cuvinot, président de ladite commission, à la tribune du Sénat, le 13 février 1908.) V. également discours de M. Viviani, ministre du Travail, même séance.

(2) *Vers la ruine*, Léon Poinsard, pp. 447 et suiv. V. aussi Leroy-Beaulieu, *Economiste français*, 9 novembre 1907, *art. cit.*

d'éducation nationale est une entreprise de longue haleine, dont les bienfaits peuvent se faire longtemps attendre.

Il y a, d'autre part, peu à escompter des mesures décentralisatrices. Tout au plus, par la continuation des procédés en cours, les personnes administratives secondaires auront-elles leurs budgets grevés d'une partie des dépenses nouvelles. Mais le dégonflement du budget de l'Etat par une décentralisation véritable n'est, croyons-nous, ni possible, ni souhaitable; nous restons sceptique sur l'efficacité financière et les chances de réalisation des « grandes réformes administratives (1) ».

Reste la question de la dette; de ce côté encore, rien de décisif n'est à prévoir. Si nous n'entrevoyons pas de grosses augmentations, nous n'attendons pas non plus des diminutions sensibles. Si la grande source de la dette, la guerre, paraît devoir se tarir, les conversions futures restent fort éloignées et les amortissements ne semblent pas devoir être plus effectifs que par le passé. Même avec des ressources multipliées par l'exploitation des industries monopolisées, la situation resterait approximativement la même, par le jeu même des dépenses nouvelles.

Le moment n'est pas encore venu où les contribuables n'auront plus à gémir sous le poids de leur lourd fardeau. Bien plus, un nouvel effort leur sera encore demandé.

Pour qu'ils puissent le fournir sans succomber, deux conditions sont indispensables. Il faut que la richesse

(1) Les grandes réformes administratives sont celles qui ont à la base les modifications des divisions territoriales qu'on élargirait et dont on augmenterait les libertés et les attributions.

générale suive une courbe ascendante parallèle; ici, nous sommes tranquille; le passé et le présent nous répondent de l'avenir (1). Il faut ensuite introduire dans notre système contributif plus de souplesse, plus d'égalité; il faut en faire disparaître les lacunes et les injustices. Un puissant mouvement de doctrine et d'opinion amènera, à brève échéance, le législateur à réaliser cette réforme nécessaire. Puissent les leçons du passé n'être pas perdues ! Qu'elle s'accomplisse avec le véritable esprit démocratique aussi éloigné des surenchères démagogiques que des conservatismes égoïstes, pour qui toute institution debout est une arche sainte ! Qu'elle se garde — et par là la deuxième condition est liée à la première — d'entraver le solide essor de la fortune française, dû aux qualités de labeur, d'ordre et d'épargne, qui sont l'honneur et la force de notre race !

(1) On lit et on entend souvent dire, il est vrai, que tout va de mal en pis, que la France se ruine, qu'elle est obérée. Comment se fait-il alors que son épargne grossit chaque année? D'où vient l'argent? Il n'est pas le produit d'une génération spontanée, de microbes économiques et financiers produisant à volonté l'or, l'argent, les capitaux qui nous permettent de satisfaire à nos besoins et de commanditer les pays étrangers! Bon an, mal an, malgré les intempéries des saisons, malgré les crises tantôt politiques, tantôt commerciales ou financières, malgré les pertes que font subir les placements ou soi-disant tels, la France économise 1.500 millions à 2 milliards. Les étrangers raillent souvent nos ambitions modestes, notre rôle de « gagne-petit », notre parcimonie! Libre à eux. Mais qu'ils sachent que c'est grâce à ces défauts que nous ignorons ces grandes crises qui troublent si profondément certains pays à visées trop ambitieuses! L'incomparable crédit de la France a sa source dans sa solide épargne. (V. A. Neymarck, *Revue des sociétés*, novembre 1907.)

# INDEX BIBLIOGRAPHIQUE

---

### 1. — Mesure de la valeur de la monnaie.

#### OUVRAGES


Arnauné. — La *Monnaie, le crédit et le change*, Paris, 1902, 1 vol. in-8 (pp. 21-70).

Avenel (d'). — *Histoire économique de la propriété, des salaires, des denrées et de tous les prix en général, de 1200 à 1800.* Paris, 1894, 2 vol. in-8 (t. 1, pp. 1-60).

Bailly. — *Histoire financière de la France depuis les origines de la monarchie jusqu'en 1876.* Paris, 1830, 2 vol. in-8 (tableau des variations de la livre tournois, t. 11, p. 295).

Cherbuliez. — *Précis de la science économique et de ses principales applications.* Paris, 1862, 2 vol. in-8 (t. I, p. 239).

Gide. — *Principe d'économie politique.* Paris, 1901 (La monnaie, mesure des valeurs, pp. 87 et suiv.).

Levasseur. — La *Question de l'or.* Paris, 1858, 1 vol. in-8 (liv. 3, ch. I, II et V, pp. 127-187).

Leber. — *Essai sur l'appréciation de la fortune privée au moyen âge.* Paris, 1847, 1 vol. in-8 (1<sup>re</sup> partie, *passim*, notes pp. 103 et suiv.).

Villey. — *Traité élémentaire d'économie politique et de législation économique.* Paris, 1885, 1 vol. in-8 (p. 238).


#### RECUEILS ET PÉRIODIQUES


*Mémoires de l'Académie des Inscriptions et Belles-Lettres*, t. XXI. (Dissertation de M. Natalis de Wailly, intitulée : « Mémoire sur les variations de la livre tournois depuis le règne de saint Louis jusqu'à l'établissement des lois décennales, pp. 114 et suiv, notamment tableau V, p. 397.)

*Revue d'économie politique.* (Aubry, série d'articles, années
1887 et 1895. — Menger, février 1892. — Bourguin, série
d'articles, 1895. — Série d'articles divers, année 1899.)

*L'Économiste français.* (Série d'articles de M. de Foville, année 1874.)

## II. — La progression des budgets et ses causes.

### OUVRAGES

ARNOULD. — *Histoire générale des finances de la France.* Paris,
1806, 1 vol. in-4 (*passim*).

BAUDIN (P.). — *a)* La *Poussée.* Paris, s. d. (pp. 13-36).
    *b)* La *Préparation au service militaire.* Paris, 1907 (30-61).

BERTHÉLEMY. — *Traité élémentaire de droit administratif.* Paris,
1902 (Le régime militaire, pp. 362-366. — Services facul-
tatifs de l'Etat, pp. 624-792).

BOITEAU. — *Fortune publique et finances de la France.* Paris,
1866, 2 vol. in-8 (*passim* et notes, t. I, pp. 1 à 50).

BOUTARIC. — *a) Saint Louis et Alfonse de Poitiers.* Paris, 1870,
1 vol. in-8 (liv. 3, ch. 11).
    *b)* La *France sous Philippe le Bel.* Paris, 1861, 1 vol. in-8
(liv. 10, ch. VII, pp. 322 et suiv.).

BOUVIER. — La *Municipalisation des services publics devant la
loi et la jurisprudence françaises.* Paris, Association française pour l'avancement des sciences, 1907.

BRUSSEL. — Nouvel examen de l'usage des fiefs. Paris, 1750 (J.
de Nully), 2 vol. in-4 (t. 1, pp. 421, 434, 465).

CLAMAGERAN. — *Histoire de l'impôt en France.* Paris, 1867-76,
3 vol. in-8 (*passim*).

FORBONNAIS. — *Recherches et considérations sur les finances de
la France depuis 1595 jusqu'en 1721.* 2 vol. in-4, Bâle
(*passim*).

FROUMENTEAU. — Le *Secret des finances.* En 3 livres, Lyon, 1581
(liv. 1er).

GIDE. — *Op. cit. (Évolution de l'industrie,* pp. 167 et suiv. Appendice sur les finances publiques, p. 614).

Leroy-Beaulieu (Paul). — *Traité de la science des finances*. Paris, 1906, 2 vol. in-8 (t. II, pp. 167, 523, 546).

Mallet. — *Comptes rendus de l'administration des finances de la France pendant les onze dernières années du règne de Henri IV, le règne de Louis XIII et soixante-cinq années du règne de Louis XIV*. Ouvrage posthume publié par V. Thierry. Paris, 1789, 1 vol. in-4 (*passim*).

Malon (Benoît). — Le *Socialisme intégral*. Paris, 1891-92, 2 vol. in-8 (t. II, pp. 119 et 164).

Mathieu-Bodet. — Les *Finances françaises en 1870-78*. Paris, 1881, 2 vol. in-8 (t. I, pp. 166 et suiv.).

May (Ernskine). — *Histoire constitutionnelle de l'Angleterre (1760-1860)*, traduit par Cornélis de Wit. Paris, 1865-66, 2 vol. in-8 (t. II, p. 604).

Necker. — *Compte général des revenus et des dépenses fixés au 1er mai 1789*. Paris, 1789, 1 vol. in-4 (*passim*).

Neymarck. — *Trente années financières (1872-1901)*. Paris, 1902 (pp. 399 et 425).

Nicolas. — Les *Budgets de la France au xixe siècle*. Paris, 1883, 1 vol. in-4 (tableau 1 et *passim*).

Nervo (Baron de). — Les *Finances françaises sous l'ancienne monarchie, la République, le Consulat et l'Empire*. Paris, 1863, 2 vol. in-8 (*passim*).

Pic. — *Traité élémentaire de législation industrielle*. Paris, 1903 (Introduction, ch. II et III et titre Ier ch. V ; économie sociale, conclusion).

Raffalovich. — Le *Marché financier en 1893-94*. Paris, 1894, 1 vol. grand in-8 (pp. 381 et suiv.).

Léon Say. — Les *Finances de la France sous la troisième République*. Paris, 1898, 1 vol. in-8 (t. 1, p. 10).

Stourm. — Les *Finances de l'ancien régime et de la Révolution*. Paris, 1885, 2 vol. in-8 (t. II, ch. XXI (budget et comptabilité avant 1789), pp. 182-246, et ch. XXIX et XXX (budgets ordinaires de la Révolution, budgets extraordinaires), pp. 410-474).

Thion de la Chaulne. — *L'Accroissement des budgets au xixe siècle*. Paris, 1900 (th. droit, Paris) (pp. 98 et suiv. et *passim*).

Vuitry. — a) *Régime financier de la France avant 1789 (impôt du ve au xiiie siècle)*. Paris, 1878, 1 vol. in-8 (pp. 412 et 511 et suiv.).

b) *Régime financier de la France avant 1789* (nouvelle série, 1285-1350). Paris, 1883, 2 vol. in-8 (t. I, pp. 310 et suiv.; t. II, pp. 653 et suiv.).

Worms. — Le *Budget de la France dans le passé et dans le présent*. Paris, 1894, 1 vol. in-8 (*passim*).

## RECUEILS ET PÉRIODIQUES

*Dictionnaire des finances* (Léon Say). Paris, 1899 (aux mots : Budget, Dette publique).

*Encyclopédie méthodique ou par ordre de matières*, par une Société de gens de lettres, etc. Paris, 1782-1832 (aux mots : Domaine, Fermes, Gabelle, Traite, etc.).

*Recueil des écrits pour et contre Calonne et Necker*. Paris, 1787-1788, 1 vol. in-4 (*passim*).

*Recueil des Historiens de France*, t. XXI (Dissertation de Natalis de Wailly sur les dépenses et recettes ordinaires de saint Louis, préface et suite).

*Annuaire statistique de la France*, 1904 (Budgets, 5e partie E et Résumé rétrospectif).

*Bulletin de statistique et de législation comparée* (avril 1898, p. 398).

*L'Economiste français*. Numéro du 25 février 1899, Leroy-Beaulieu (De la méthode à suivre pour arrêter le débordement des dépenses), (t. I, p. 233 ; à suivre pp. 265, 301, 333).
Numéro du 15 avril 1899, Vergé (Notre situation financière), (t. 1, p. 483).
Numéro du 28 septembre 1907 (et à suivre dans les numéros suivants), Leroy-Beaulieu (Les finances des communnes), (t. 11, p. 437).
Numéro de novembre 1907 (Notre ménage national), (t. 11, p. 653).

*Journal des Economistes*, Gaston Moch (Dépenses militaires), série d'articles, mars 1899.

*Revue des Sociétés*, novembre 1907, Alf. Neymarck (Situation financière de la France).

*Revue de science et de législation financières*, 1905 (p. 278), 1906 (p. 300), 1907 (p. 270). Chroniques étrangères de M. le professeur Bouvier.

TABLE DES MATIÈRES

## DEUXIÈME PARTIE



11169 — Imp. Réunies, Lyon.